U0947809

武汉大学『大学精神与文化建设』丛书

红色珞珈

——烽火岁月中的武汉大学

◉ 主编 涂上飙

WUHAN UNIVERSITY PRESS
武汉大学出版社

图书在版编目(CIP)数据

红色珞珈:烽火岁月中的武汉大学/涂上飙主编.—武汉:武汉大学出版社,2025.1
武汉大学“大学精神与文化建设”丛书/楚龙强主编
ISBN 978-7-307-24025-4

Ⅰ.红… Ⅱ.涂… Ⅲ.武汉大学—革命史—史料 Ⅳ.G649.286.31

中国国家版本馆 CIP 数据核字(2023)第 188165 号

责任编辑:李 琼　　责任校对:汪欣怡　　整体设计:藏远传媒

出版发行:**武汉大学出版社**　(430072 武昌 珞珈山)
(电子邮箱:cbs22@ whu.edu.cn 网址:www.wdp.com.cn)
印刷:武汉精一佳印刷有限公司
开本:787×1092 1/16　印张:7　字数:121 千字　插页:2
版次:2025 年 1 月第 1 版　2025 年 1 月第 1 次印刷
ISBN 978-7-307-24025-4　定价:88.00 元

武汉大学“大学精神与文化建设”丛书

武汉大学“大学精神与文化建设”丛书

总 序

江城多山，珞珈独秀。作为中国高等教育的一方重镇，武汉大学拥有悠久的办学历史，汇集了众多的精彩华章，永不停歇地奋进、改革、发展，笃行致远，弦歌不辍。

风雨征程，波澜壮阔。回顾武汉大学130余年的历史，既是一部自强不息、艰苦奋斗的创业史，也是一部满怀理想、气势恢弘的发展史。从诞生于清末救国图强洪流中的自强学堂，到跻身中国五大名校之列的国立武汉大学；从乐山时期艰苦困厄中取得辉煌成就，到中华人民共和国成立后呈现蓬勃生机；从走在改革开放潮流之先的“高校中的深圳”，到世纪之交合并高校的典范；从全面推进跨越式发展，到勇担重任“顶天立地”办大学；从自强不息在挫折中奋起，到满怀信心迈向世界一流……在漫长而壮阔的征程中，武汉大学广纳良才，荟萃精英；名师云集，英才辈出；实力雄厚，声名远扬。学校勇立中国高等教育发展的潮头，始终以民族复兴为己任，不断为国家富强和人类进步作出新的贡献。迄今已为社会输送了70余万名各类高级专门人才，创造了一大批有价值的研究成果，建设了一支高素质的教师队伍，已发展成为学科门类齐全、师资力量雄厚、育人环境优美，具有深厚的人文底蕴、鲜明的办学特色和优良的学风校风，在国内国际都有着广泛影响力和卓著声誉的高水平大学。

一所大学百余年的激荡史，贯注着一种绵延不息的精神传统。大学精神是一所大学的灵魂，反映了大学根本的办学理念和价值观念，关系到一所大学的存亡兴衰。大学精神无形却永恒，正是一所大学经久不衰的独特魅力和生命力之所在。在长期的办学过程中，武汉大学积淀了丰富而深厚的文化传统，形成了独特而鲜明的核心价值，凝练出武大人广泛认同和自觉奉行的武大精神。武大精神是武大人共同的价值追求和精神动力，正是凭着一代代学人的耕耘和涵育，一代代学子的承继和弘扬，武大的“精气神”才得以生生不息，滋兰树蕙。武大精神集中体现在“自强、弘毅、求是、拓新”的校训中，她铸造了武大的文化之髓、价值之轴、兴校之魂，彰显了百年学府的独特气质和卓越风采。

武大精神蕴涵着匡时济世、奋斗不止的“自强”精神。“天行健，君子以自强不息。”武汉大学从诞生之时起，就被历史性地赋予“上备国家任使”的神圣使命，她承载着无数仁人志士的光荣与梦想，始终立于时代发展的最前沿，始终站在攻坚克难的最前列，以热血救国，以学术报国，以创新强国，一代代武大人志存高远，不懈探索，自立自强，生生不息。

武大精神蕴涵着坚韧刚毅、志向超迈的“弘毅”精神。“士不可以不弘毅，任重而道远。”无数先贤矢志追求办一流大学的“武大梦”，无数后来者接续奋斗，既有鲲鹏之志般的理想和抱负，又有甘坐冷板凳的恒心和韧劲，秉持宽容豁达的气度、刚毅坚卓的毅力，一代代武大人追求卓越，勇创一流，锲而不舍，勇毅前行。

武大精神蕴涵着朴实勤严、追求真理的“求是”精神。“修学好古，实事求是。”科学上追求至真，道德上追求至善，是历代武大学人躬身践行的品格和风骨，展现了为人朴素真诚、做事脚踏实地的学者风范和学术精神。去浮华，敦朴素，弃空谈，尚实干，一代代武大人澹泊明志，宁静致远，治学严谨，术业专精。

武大精神蕴涵着敢为人先、锐意进取的“拓新”精神。“苟日新，日日新，又日新。”崇尚创新、不拘一格、敢破敢立，已成为武大人身上的鲜明标识。武汉大学被誉为“拔尖创新人才的摇篮”，学校始终引领时代发展潮流，不断顺应国家社会需要，致力于科学研究和教育教学改革与创新，一代代武大人勇于创造，探索未知，独辟蹊径，培育栋梁。

当前，我国正处在以中国式现代化全面推进强国建设、民族复兴伟业的关键时期。党的二十届三中全会强调，教育、科技、人才是中国式现代化的基础性、战略性支撑，要统筹推进教育科技人才体制机制一体发展，提升国家创新体系整体效能。全国教育大会发出朝着建设教育强国坚实迈进的动员令。武汉大学作为在全国有着重要影响力的“双一流”头部高校，以高质量内涵式发展的新成就新贡献，助力我国早日建成教育强国、科技强国、人才强国，是我们责无旁贷的历史使命和重大任务。面临新的形势和要求，我们理当回顾过往，审视当下，展望明天。鉴往知来，学校党委组织编辑出版武汉大学“大学精神与文化建设”丛书，就是为了梳理武大的文化传统和精神脉络，展现百卅学府的梦想与追求、情怀与担当，凝聚广大师生不断向前奋进的强大精神力量。丛书所包含的《珞珈大先生》《珞珈青年说》《留学珞珈》《珞珈记忆》《红色珞珈》，集中展现了武大的师者风范、学子风采、留学生活、历史记忆和红色基因，旨在从不同维度、不同方面讲好武大故事、展示武大形象、彰显武大底蕴、弘扬武大精神。

以院士和资深教授为代表的“大先生”是武大优秀教师的杰出代表，他们以其真知灼见泽被后世，以其风骨精神影响后学，突出地体现、赓续和发扬了武大精神；珞珈青年求知在武大，成才在珞珈，到祖国最需要的地方建功立业，他们的多彩生活和奋斗故事是武大学子共同的青春励志书；培养好留学生是武大不断走向国际化的一个生动剪影，是“留学中国”品牌的一张亮丽名片，是讲好中国故事、传播中国经验、发出中国声音的鲜活范例；珍贵的老照片是武大人共同的历史记忆，折射出百年名校悠久的办学历史、厚重的学术底蕴与深邃的人文精神；红色珞珈图集展现了党组织在武大的孕育、师生的爱国运动、校园建筑承载的红色故事等生动感人、弥足珍贵的红色文化资源，描绘出一幅武大红色基因图谱。今后，这套丛书还可吸收更多学校文化建设的最新成果，不断丰富拓展武大文化精神的深厚内涵。

忆往昔，沧桑巨变成历史，多少俊彦领先声；看今朝，凤鸣盛世续华章，无数新人立伟业。武大精神的力量感召着我们，也将永远激励着来者。站在新的历史方位，武汉大学这所百年学府正焕发蓬勃生机，洋溢着青春活力，以昂扬之姿拥抱下一个百卅华年。我们将坚持以习近平新时代中国特色社会主义思想为指导，深入学习贯彻党的二十大和二十届二中、二十届三中全会精神，深入贯彻落实习近平总书记给武汉大学参加南北极科学考察队师生代表的重要回信精神，牢记嘱托、砥砺奋进，勇担新时代赋予的新使命，进一步厚植武大文化、弘扬武大精神，在加快建设中国特色世界一流大学的伟大征程中，以高质量发展的新成就，以支撑建设教育强国、实现中国式现代化的新贡献，续写武汉大学新的壮丽篇章。

黄泰岩

2024 年 11 月于珞珈山

序

全国教育大会上，习近平总书记深刻指出“教育是强国建设、民族复兴之基”，强调建成教育强国是“实现以中国式现代化全面推进强国建设、民族复兴伟业的先导任务、坚实基础、战略支撑”，标志着教育在党和国家事业发展全局中的地位作用上升到崭新高度。面临新形势新要求，高校作为为党育人、为国育才的主阵地，要责无旁贷地肩负起为中华民族伟大复兴提供智力支撑的重要使命，扎根红色沃土、传承红色基因、赓续红色血脉，把学校红色资源转化为孕育新人、办好大学、走好新路的磅礴力量。

武汉大学是红色资源富矿。在跨越三个世纪的办学历程中，武汉大学始终坚持崇高理想，与民族复兴同频共振，与强国建设同向奋进， 不断擦亮红色底色，谱写精彩华章。1925年成立的中共武昌师范大学支部是我国高校成立最早的党支部之一。同一时期，中共一大13位代表中有5位在这里学习或工作过。1927年，中共五大在武大附小召开。李汉俊、李达、陈潭秋、罗荣桓、伍修权等一大批革命先辈从这里走出。学校因此被誉为武汉地区的“革命摇篮”和“湖北革命运动的指挥机关”。抗战时期，珞珈山一度成为“国共合作抗战的小客厅”，武大师生通过多种方式开展抗日救亡，很多热血青年走上抗日前线。抗日滇缅远征军中，有一百多位武大校友。第三次国内革命战争时期，武大党员人数已达百人之多，成为武汉地区党员最多、民主势力最强的革命堡垒，被誉为武汉的“小解放区”。在社会主义建设时期，“两

弹一星”制造、西部大开发、南水北调、三峡工程、西电东送、极地科考等重大项目中处处都镌刻着武大人的足迹。在改革开放时期，真理标准大讨论，呼吁恢复高考，推进依法治国，率先推出学分制、主辅修制、导师制、插班生制等，引领高等教育教学改革风气之先。

进入新时代以来，武汉大学始终坚持以习近平新时代中国特色社会主义思想为指导，全面贯彻党的教育方针，牢牢把握社会主义办学方向，落实立德树人根本任务，切实把党的领导贯穿到办学治校全过程，中国特色、世界一流大学建设取得了突破性进展、历史性成就，为中国高等教育事业发展和推动国家富强、社会进步作出了重要贡献。

煌煌武大，巍巍珞珈。立足新的历史方位，为教育引导广大师生厚植爱党爱国情怀，努力把学校丰富的红色资源转化为有效的育人资源，让革命薪火在接续奋斗中代代相传，学校决定出版《红色珞珈》一书。本书以时间为轴，全面挖掘梳理了从20世纪20年代初至中华人民共和国成立初期武汉大学弥足珍贵的红色文化资源，包括党组织在武大的孕育、武大师生的爱国运动、校园建筑承载的红色故事、新时代学校红色基因的传承和延续等，图文并茂，生动翔实，是武汉大学推进红色文化育人、创新思想政治工作载体的有力尝试。

新时代赋予新使命，新使命呼唤新担当。新征程上，武汉大学将继续坚持以习近平新时代中国特色社会主义思想为指导，深入贯彻落实党的二十大和二十届二中、三中全会精神，深入贯彻全国教育大会精神，以传承红色基因赓续文化血脉，以扎根中国大地巩固发展根基，加快建成中国特色、世界一流的社会主义大学，为全面实现中国式现代化，为助推强国建设、民族复兴伟业作出新的更大贡献。

编者

2024年11月

目 录

壹 001

播撒火种

党组织在武大的孕育与发展

贰 015

红心向党

武大师生的革命爱国运动

叁 057

团结抗战

珞珈山上的革命风云

肆 069

英雄黉门

珞珈建筑承载的红色故事

红|色|珞|珈

壹 播撒火种

——党组织在武大的孕育与发展

早期武大
党组织的产生

党的一大之后，陈潭秋、董必武、李汉俊等党的一大代表，就在国立武昌高等师范学校积极发展党员。1925年，国立武昌大学已有何子述、刘昌绪等共产党员十多人，并成立了学校第一个党支部——中共国立武昌大学支部，何子述任书记。

陈潭秋（1896—1943）

1915年考入国立武昌高等师范学校读预科，一年以后转为本科，入英语部学习，1919年6月毕业。毕业后以国立武昌高等师范学校附小为基地开展革命活动。

1916年武昌高师英语部一年级学生合影，后排右三为陈潭秋（时名陈澄）。

1	2	3
	4	
5		

❶钱亦石（1889—1938） 1920年夏国立武昌高等师范学校博物部毕业。此后，他任武昌高师附小教导主任。1924年4月，经董必武、陈潭秋介绍，加入了中国共产党。被董必武称为“红色教育家”。

❷伍修权（1908—1997） 12岁时在国立武昌高等师范学校附小学习，后读武昌高师附中。在陈潭秋的直接引导帮助下，加入了中国社会主义青年团。1925年10月，由党派赴莫斯科中山大学学习，从此走上了革命道路。

❸何子述（1901—1931） 1919年考入国立武昌高等师范学校预科，次年转入本科英文部学习，1922年经董必武介绍加入中国共产党，1923年毕业留校任教。1925年任中共国立武昌大学支部书记。1931年在天津被捕，壮烈牺牲。

❹郭述申（1904—1994） 1922年5月加入中国社会主义青年团，同年秋入国立武昌高等师范学校就读，参加学生爱国运动。1927年加入中国共产党，走上革命道路。

❺罗荣桓（1902—1963） 1927年4月到国立武昌中山大学读书，加入中国共产主义青年团，随即加入中国共产党，走上革命道路。1954年曾回学校探访。

党的『一大』五位代表在国立武昌中山大学

❶陈潭秋　1916—1919年就读于国立武昌高等师范学校英语部，1922—1923年在武昌高师附小兼课，1927年任国立武昌中山大学政治训练委员会委员。

❷李汉俊　1922—1926年先后任教于国立武昌高等师范学校、国立武昌师范大学、国立武昌大学历史社会学系，曾任系主任，1926—1927年先后任国立武昌中山大学筹备委员和大学委员会委员。

❸董必武　1926—1927年任国立武昌中山大学筹备委员及政治训练委员会委员，1937年到国立武汉大学发表演讲，1963年曾为武汉大学校庆题词。

❹李　达　1927年9—12月，在李汉俊的安排下，任教于国立武昌中山大学。1953—1966年任武汉大学校长。

1
2 3 4

武大党组织的
发展与扩大

1 2
3
4 5
6

1928年7月，国立武汉大学建立，随即党组织也得以恢复重建。1937年2月，“中共武汉临时支部”成立。1937年7月抗日战争全面爆发后，陶铸、郭述申等到武汉大学发展党员，重建了中共武汉大学支部。李声簧任书记，郭佩珊为组织委员，谢文耀为宣传委员。

❶李声簧（1914—1975）　李汉俊之子，1929年参加共产党，1937年9月在国立武汉大学理学院数学系借读。1937年10月，中共武汉大学支部重建，李声簧任支部书记。

❷郭佩珊（1912—1985）　1933年入党，后与党组织失去联系。1935年，插班考入武汉大学机械系，参加了一二・九运动，是学校救国会主要负责人之一。1937年9月重新入党，任学校党支部组织委员。

❸谢文耀（1913—1948）　1937年加入共产党，为中共武汉大学支部负责人。1938年赴洪湖地区从事革命工作。1948年2月，被地方劣绅杀害，年仅34岁。

❹李厚生（李锐，1917—2019）　1934年考入武汉大学机械系。1937年2月入党，武汉大学工学院肄业，后赴延安投身革命。

❺刘西尧（1916—2013）　原名刘锡尧，1934年考入武汉大学物理系。1937年10月2日加入共产党，11月赴红安县七里坪，毅然踏上革命之路。

❻朱九思（1916—2015）　1936年考入武汉大学哲学教育系，第二年转入外语系。1937年10月加入共产党，12月赴延安抗日军政大学执教。

1
2
3

武大党组织的
恢复与曲折发展

1938年4月，武汉大学西迁乐山时，学校仅有3名中共党员，他们分别是电机系助教冯有申、机械系学生陈尚文、农艺系女生曹诚一。在“中共嘉属工作委员会”的领导下，经过努力，后建立乐山时期武大党支部、中共武大特支、中共武大总支等。

❶陈尚文　学校西迁乐山时的三名党员之一，1936年考入武汉大学工学院机械系，1937年入党，1938年上半年随学校西迁乐山。

❷余有麟　1938年考入法学院政治系，中共武大特支书记。

❸庄惠霖　1935年考入工学院电机系，中共武大特支组织委员。

1
2
3
4

❶杨维哲（杨敏哲） 1939年加入共产党。1939年8月考入西迁乐山的武汉大学，曾任武大党总支副书记兼女生支部书记。

❷王梦兰 1935年入文学院中文系。抗日战争初期就投身革命参加共产党。1940年7月6日乐山大逮捕后，在白色恐怖中，她任武大女生党支部书记。

❸陈庆纹（李伯悌，1918—1996） 1937年入文学院外文系，1938年8月加入中国共产党，1939年任女生党支部书记。

❹陆兰秀 在女生支部书记王梦兰病重时，她作为一名新党员挑起了支部工作的重担，带领同学们同国民党反动派进行英勇顽强的斗争。

1 | 2 | 3
4 | 5

❶李昌赢　1935年入理学院物理系，1940年7月6日乐山大逮捕时的党员。

❷张是我　1935年入法学院经济系，1940年7月6日乐山大逮捕时的党员。

❸涂主珍　乐山大逮捕后，学校的党支部成员，1937年入理学院化学系。

❹张应昌　1940年后学校地下党小组成员，1940年入法学院政治系。

❺张兴钤　1938年入工学院矿冶系，1940年后学校地下党小组成员。

复员后武大党组织的 不断壮大

学校复员珞珈山后，不少师生积极要求加入党的组织。到中华人民共和国成立前夕，学校成为武汉地区党员最多、民主势力最强大的革命阵营，珞珈山被誉为武汉的“小解放区”。当时，中共武汉市委学工组、中共武汉市委青工组、中原局城工部武汉城市工作委员会、江汉军区城工部都在学校进行过组织发展工作。

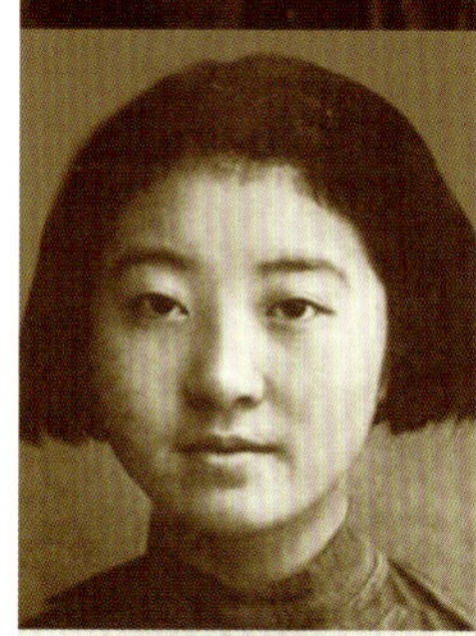

❶曾　惇（1917—1984）　曾用名曾淳、田中立、刘玉熹、孙国安等。湖南南县人。曾任中共武汉市委组织部副部长、宣传部副部长，湖北省委常委、宣传部长。

❷王云从　1947年任学校党支部书记，1944年入文学院中文系学习。

❸吴仲炎（1924—2009）　江苏宝应县人，1948年4月参加革命工作，并加入中国共产党。1949年武汉大学哲学系毕业。

❹陈茂芹　1948年任学校理工学院党支部书记，1940年入工学院土木系学习。

❺唐春旭　1948年任学校学工组党组织负责人，1943年入法学院经济系学习。

❻罗鸿运　1948年任学校文学院党支部书记，1946年入文学院哲学系学习。

1	2
3	
	4
5	6

❶杨振华　1948年任学校法学院党支部书记，1946年入文学院哲学系学习。

❷周可铭　1948年接任学校法学院党支部书记，1946年入法学院法律系学习。

❸周茂根　1948年任学校理学院党支部书记，1945年入理学院生物系学习。

❹李熊蜚　1948年任学校学工组的党小组负责人，1946年入文学院外文系学习。

❺冯　珍　1948年任学校工学院党支部书记，1945年工学院机械专修科毕业。

❻王　缨　农学院党员，1947年入农学院农艺系学习。

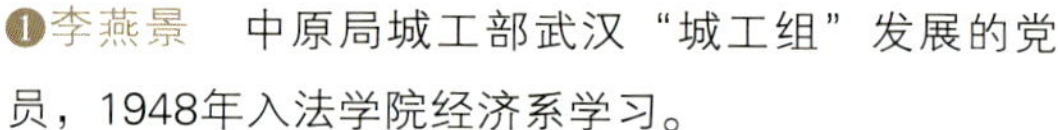

1
2 3
4
5

❶李燕景　中原局城工部武汉“城工组”发展的党员，1948年入法学院经济系学习。

❷梁献光　江汉军区“城工组”发展的党员，1943年入理学院物理系学习。

❸查全性　1948年考入理学院化学系二年级，1949年2月加入中国共产党。

❹齐民友　1948年考入理学院数学系，1949年3月加入中国共产党。

❺童懋林　1947年11月考入文学院中国文学系，1948年加入中国共产党。

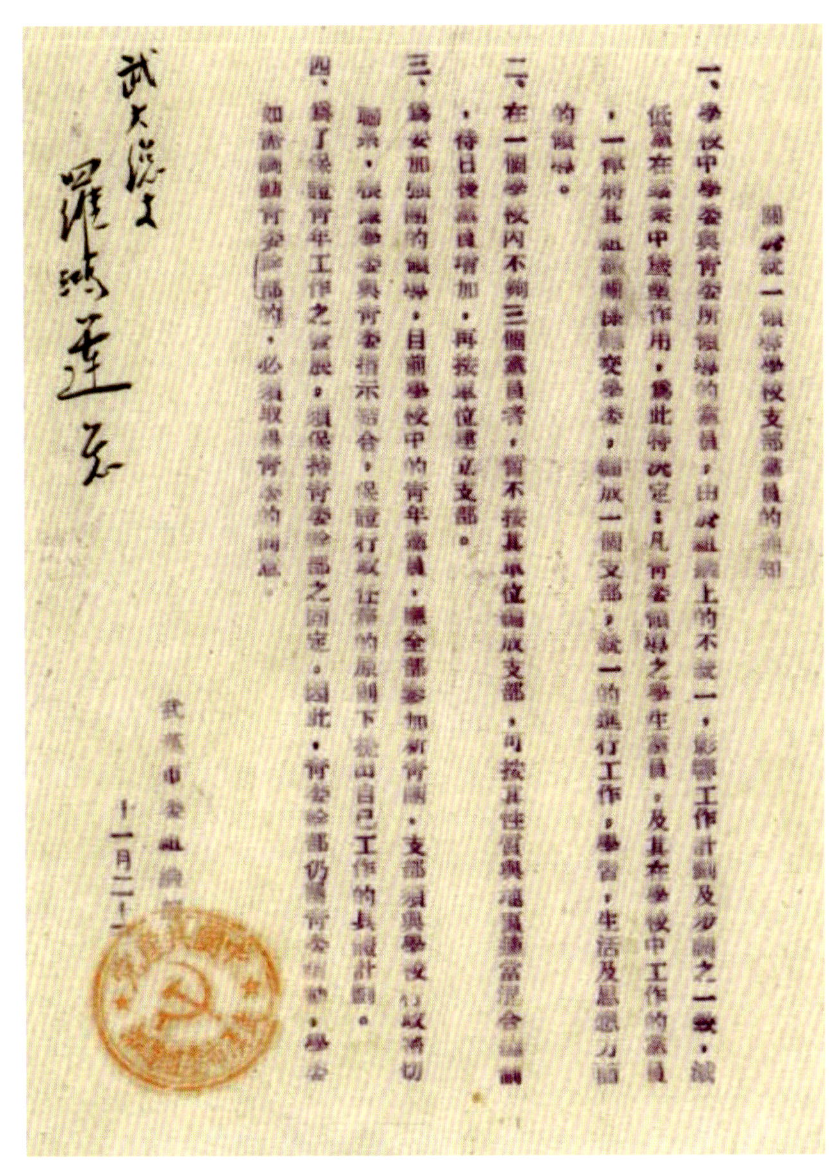

關於統一領導學校支部黨員的通知

一、學校中學委與青委所領導的黨員，由於組織上的不統一，影響工作計劃及步調之一致，減低黨在學校中應起作用，為此特決定：凡青委領導之學生黨員，及其在學校中工作的黨員，一律將其組織關係轉交學委，編成一個支部，統一的進行工作，學習，生活及思想方面的領導。

二、在一個學校內不夠三個黨員者，暫不按其單位編成支部，可按其性質與通訊適當混合編制，待日後黨員增加，再按單位建立支部。

三、為要加強黨的領導，目前學校中的青年黨員，應全部參加新青團，支部須與學校行政密切聯系，根據學委與青委指示結合，保證行政任務的原則下提出自己工作的具體計劃。

四、為了保證青年工作之發展，須保持青委幹部之固定，因此，青委幹部仍屬青委領導，學委如需調動青委幹部時，必須取得青委的同意。

武漢市委組織部

十一月二十

武大總支

羅鴻運

1949年11月武汉市委组织部发布统一领导学校支部和党员的通知

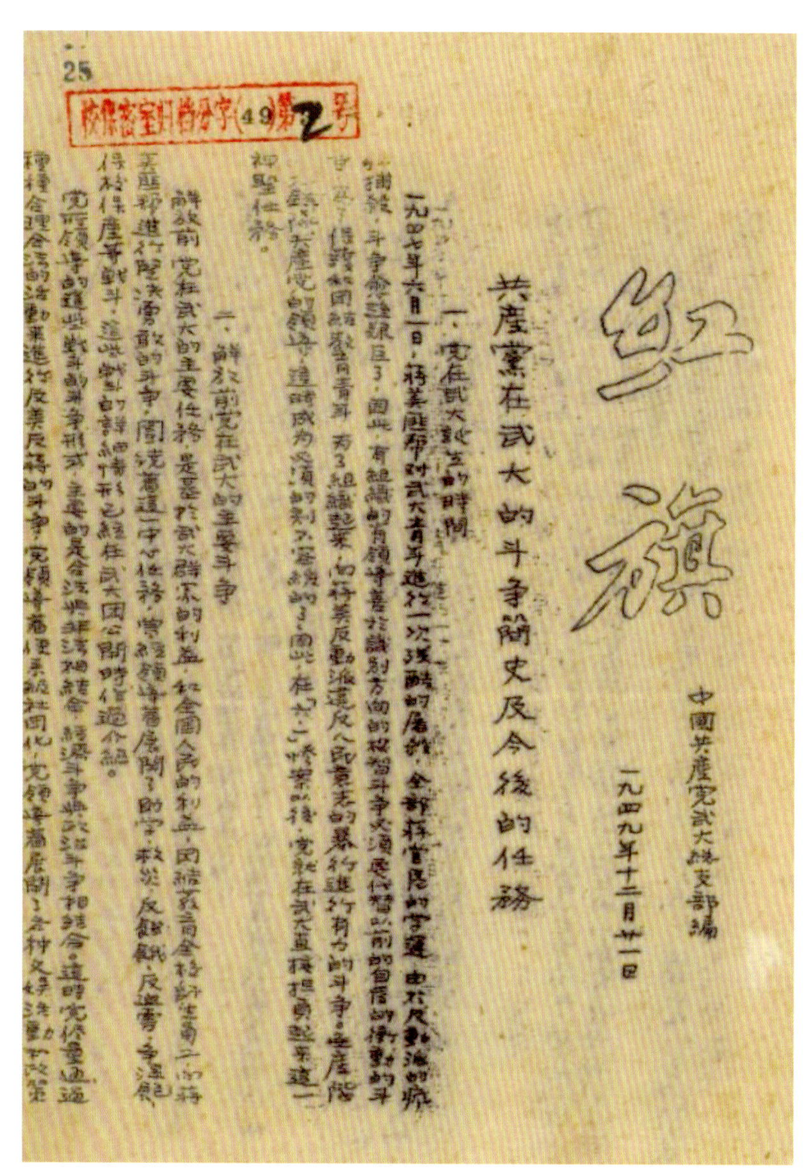

25

红旗

共產黨在武大的斗争簡史及今後的任務

中國共產党武大總支部編

一九四九年十二月廿一日

一、党在武大秘密的時期

二、解放前党在武大的主要斗争

1949年12月武大党总支的宣传材料《红旗》谈党在武大的斗争史

红|色|珞|珈

贰 红心向党

——武大师生的革命爱国运动

冲锋陷阵的
莘莘学子

九一八事变后的爱国行动

武大的青年学生一向具有光荣的革命传统，1931年9月18日，当九一八的炮声打响时，武汉大学的学生们立即行动起来。1931年10月2日，武大学生成立了武大抗日救国会，后组织“义勇军”从事实际的救亡运动。他们还开展了募捐活动。

本校成立抗日救國會

本校全體學生於二日下午一時在大禮堂召集抗日救國大會到會者五百餘人推謝嘉爲臨時主席議決

一・通電全國主張對日宣戰

二・本校應即成立義勇軍請行營加派教官訓練

三・聯合武漢各級學校取共同行動實行檢查各商店日貨

四・電慰東北馮庸兩大學被難學生

五・定三日上午十時全體出發赴行營請願宣戰

六・發行[illegible]期反日刊物

七・組織『國立武漢大學抗日救國大會』推謝嘉王逸岑嶷叔英般德琨等十七人爲執行委員

武漢大學抗日救國會啓事

啓者本會此次所售券款及籌備費用業經會同本大學事務部結算清楚計募得洋三百八十五元已請學校遞匯黑龍江慰勞馬占山部將士至籌備用費洋八十三元四角五分由學校開支茲將銷券洋數公布于后即希 鑒察爲荷

	券數	售出券數	現存券數	實收回洋數	未收回洋數	附註
伍元券	100	40	60	$111	$89	内券一張僅收洋壹元
壹元券	690	456	234	$160	$268	贈送各遊藝員入場券28張在售出券數内
伍角券	400	155	245	$74	$3.5	
共計	1190	651	539	$345	$360.5	贈送券不在未收回洋數内
捐洋數	周謙冲教授捐洋十元	漢口市黨部捐洋十元	漢口總商會賀衡夫先生捐洋二十元	共收捐洋四十元		

1/2

❶1931年10月2日武汉大学抗日救国会成立。

❷1931年11月武汉大学抗日救国会募捐慰问东北抗日的马占山部。

1|2|3

❶陈　宽　学生抗日积极分子，1932年入武汉大学法学院经济系。

❷叶君健　学生抗日积极分子，1932年入武汉大学文学院外语系。

❸曾昭正　学生抗日积极分子，1933年入武汉大学工学院机械系。

一二·九运动后的奋起

1935年12月9日，北平学生举行了声势浩大的一二·九救亡运动。武大的青年学生也纷纷行动起来，声援北平学生的爱国行动。在武大的影响下，武汉各校的青年学生们成立了“武汉市中等以上学校学生救国联合会”，举行了声势浩大的示威游行。

❶1935年12月23日，武汉七十余校的两万余名大中学生举行示威游行。

❷1935年12月20日，武昌学生到汉口举行示威游行被政府阻止。

❸王　前　武汉大学学生救国会总干事，1934年入武汉大学文学院哲学系。

❹李汝俊　武汉大学学生救国会干事，1934年入武汉大学理学院数学系。

❺万国瑞　武汉大学青年救国团成员，1936年入理学院化学系。

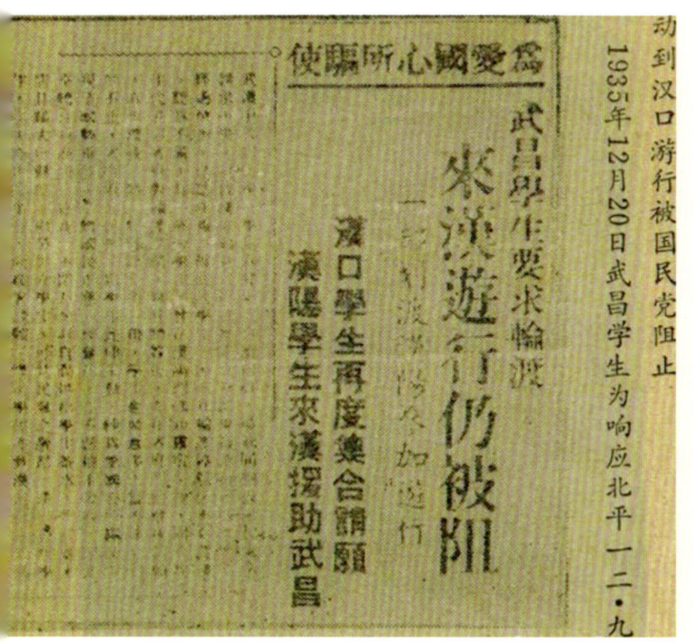

為愛國心所驅使
武昌學生要求輪渡
來漢遊行仍被阻
一部份渡漢後又加遊行
漢口學生再度集合請願
漢陽學生來漢援助武昌

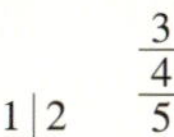

日益高涨的武汉学生运动，引起了当局者的不安。因此，从1936年至七七事变爆发，“武大学运”进入曲折发展阶段。进步学生通过与投机分子的斗争，成立了武汉大学学生救国会，继续领导“武大学运”。

七七事变后 多方面的爱国运动

七七事变后，中日战争全面爆发。不久，武大学生成立了“抗日问题研究会”。1937年12月28日，青年救国团在武昌成立，武汉大学青年救国团成为青教团的一个分团。当日军步步向武汉逼近的时候，武大的不少学生纷纷奔赴抗日的各个战场。有的入党后去了延安，有的去了陶铸在湖北应城汤池创办的训练班学习，有的去了方毅在黄安七里坪创办的训练班学习。

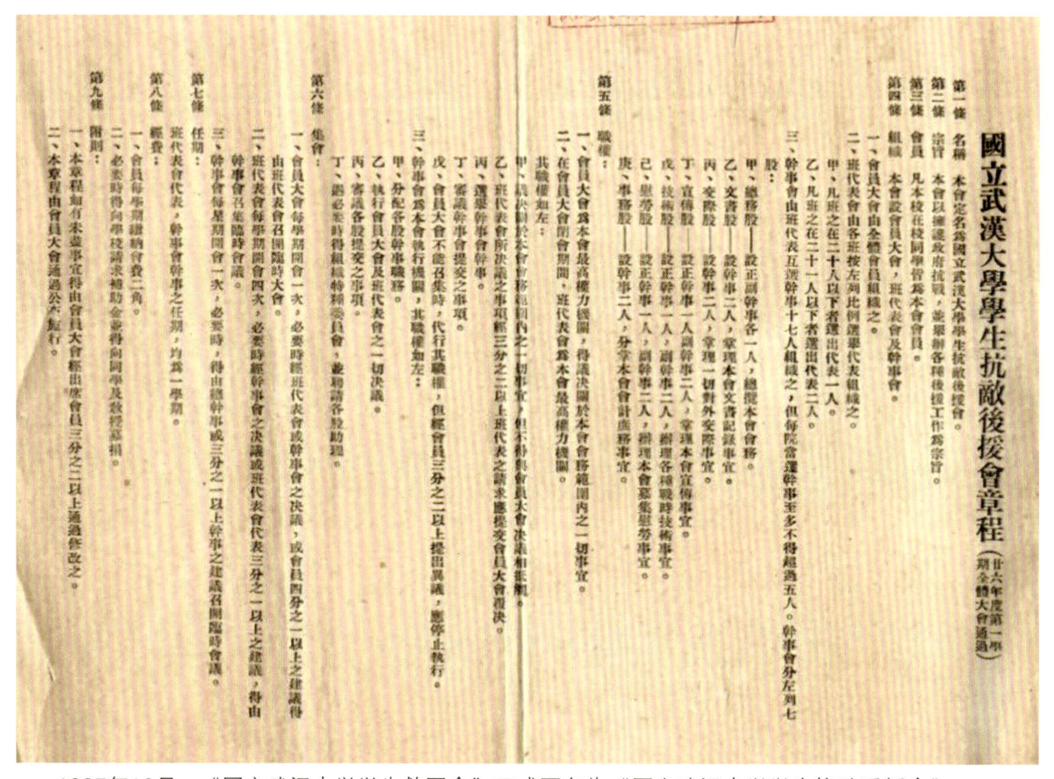

國立武漢大學學生抗敵後援會章程（廿六年度第一學期全體大會通過）

第一條 名稱 本會定名為國立武漢大學學生抗敵後援會。

第二條 宗旨 本會以擁護政府抗戰，並舉辦各種後援工作為宗旨。

第三條 會員 凡本校在校同學皆為本會會員。

第四條 組織 本會設會員大會，班代表會及幹事會。

一、會員大會由全體會員組織之。

二、班代表會由各班按左列比例選舉代表組織之。

甲、凡班之在二十人以下者選出代表一人。

乙、凡班之在二十一人以下者選出代表二人。

三、幹事會由班代表互選幹事十七人組織之，但每院當選幹事至多不得超過五人。幹事會分左列七股：

甲、總務股——設正副幹事各一人，總攬本會會務。

乙、文書股——設幹事二人，掌理本會文書記錄事宜。

丙、交際股——設幹事二人，掌理一切對外交際事宜。

丁、宣傳股——設正幹事一人副幹事二人，掌理本會宣傳事宜。

戊、技術股——設正幹事一人，副幹事二人，辦理各種戰時技術事宜。

己、慰勞股——設正幹事一人，副幹事二人，辦理本會募集慰勞事宜。

庚、事務股——設幹事二人，分掌本會會計庶務事宜。

第五條 職權：

一、會員大會為本會最高權力機關，得議決關於本會會務範圍內之一切事宜。

二、在會員大會閉會期間，班代表會為本會最高權力機關。

其職權如左：

甲、議決關於本會會務範圍內之一切事宜，但不得與會員大會決議相抵觸。

乙、班代表會所決議之事項經三分之二以上班代表之請求應提交會員大會覆決。

丙、選舉幹事會幹事。

丁、審議幹事會提交之事項。

戊、會員大會不能召集時，代行其職權，但經會員三分之二以上提出異議，應停止執行。

三、幹事會為本會執行機關，其職權如左：

甲、分配各股幹事職務。

乙、執行會員大會及班代表會之一切決議。

丙、審議各股提交之事項。

丁、遇必要時得組織特種委員會，並聘請各股助理。

第六條 集會：

一、會員大會每學期開會一次，必要時經班代表會或幹事會之決議，或會員四分之一以上之建議得由班代表會召開臨時大會。

二、班代表會每學期開會四次，必要時經幹事會之決議或班代表會代表三分之一以上之建議，得由幹事會召集臨時會議。

三、幹事會每星期開會一次，必要時，得由總幹事或三分之一以上幹事之建議召開臨時會議。

第七條 任期：

班代表會代表，幹事會幹事之任期，均為一學期。

第八條 經費：

一、會員每學期繳納會費二角。

二、必要時得向學校請求補助金並得向同學及教授募捐。

第九條 附則：

一、本章程如有未盡事宜得由會員大會經出席會員三分之二以上通過修改之。

二、本章程由會員大會通過公布施行。

1937年10月，“国立武汉大学学生救国会”正式更名为“国立武汉大学学生抗敌后援会”。

1/2

❶全面抗战爆发后，武大学生在湖北、江西、安徽等地积极宣传抗战。

❷共产党培养抗日干部的地方——应城汤池训练班旧址，武大学生潘乃斌、聂之俊、谢文耀等曾在此训练学习。

1
2

❶共产党培养抗日干部的地方——黄安（今红安）七里坪旧址，武大学生刘西尧、李声振等曾在此训练学习。

❷黄安（今红安）七里坪革命旧址。

乐山时期的学生爱国社团如雨后春笋

乐山时期，武汉大学的社团组织犹如雨后春笋。当时有不少影响较大的进步社团，如抗战问题研究会（简称“抗研”）、岷江读书社（简称“岷江”）、马克思主义小组（简称“马列小组”）、武大学生运动核心组织（简称“核心组织”）等，这些社团依托自己的群众团体，开展了一系列的抗日救亡活动。

1938年10月乐山抗战问题研究会成立之所

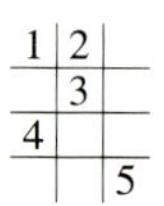

❶顾谦祥　抗战问题研究会总干事，1936年入法学院经济系学习。

❷向　勋　抗战问题研究会干事，1938年入法学院法律系学习。

❸叶　琼　抗战问题研究会成员，1938年入文学院外语系学习。

❹丁宗岱　“岷江读书社”重要成员，1939年入法学院经济系学习。

❺唐弘仁、张宝锵、丁宗岱等回忆“岷江读书社”活动情况的《岷江情深》。

❶唐宏镕　早期“岷江读书社”发起人之一，1937年入法学院经济系学习。

❷许一揆　早期“岷江读书社”发起人之一，1939年入法学院政治系学习。

❸周继武　早期“岷江读书社”发起人之一（从军后复学），1938年入法学院政治系学习。

❹张宝锵　岷江读书社成员，1942年入文学院历史系学习。

❺顾公泰　马克思主义小组发起人，1942年由私立光华大学一年级转入武大法学院政治系学习。

❻金声穆　马克思主义小组成员，1941年由私立复旦大学二年级转入武大法学院政治系学习。

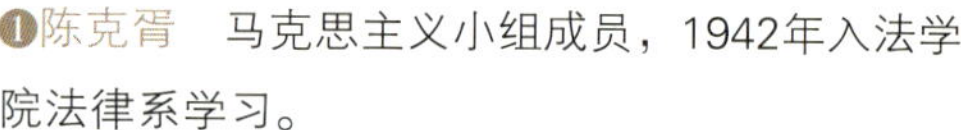

❶陈克胥　马克思主义小组成员，1942年入法学院法律系学习。

❷章润瑞　马克思主义小组成员，1940年入文学院历史系学习。

❸赵萌兰（后名赵施光，赵世炎侄女）　马克思主义小组成员，1943年入理学院数学系学习。

❹张师韩　武大学生运动核心组织统战委员，1940年入法学院经济系学习。

❺聂敬熙　第二届“核心组织”调研委员，1941年入文学院哲学系学习。

❻陆菊如（陆方）　文谈社成员，1942年入文学院外文系，后转历史系。

1
2 3
4
5
6

❶王尔杰　第三届“核心组织”宣教委员，1943年入工学院电机系学习。

❷钱忠槐　1941年入法学院经济系学习。抗战胜利后到李先念领导的中原解放区工作。

❸熊毅龄　1939年入法学院经济系学习。抗战胜利后到李先念领导的中原解放区工作。

❹唐春旭　1943年入法学院经济系学习。抗战胜利后到李先念领导的中原解放区工作。

1
2
3
4

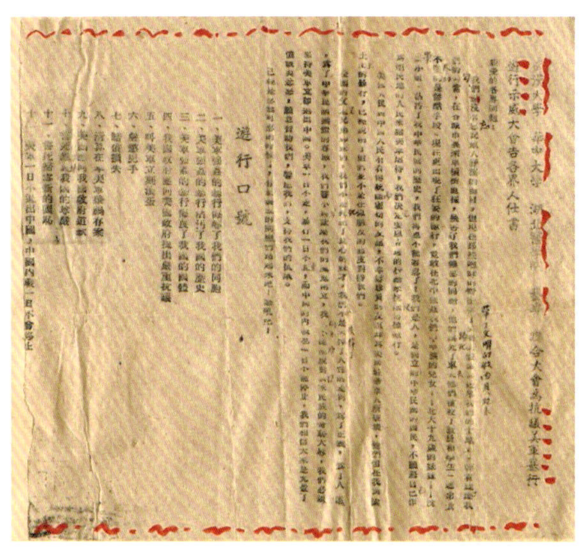

遊行口號

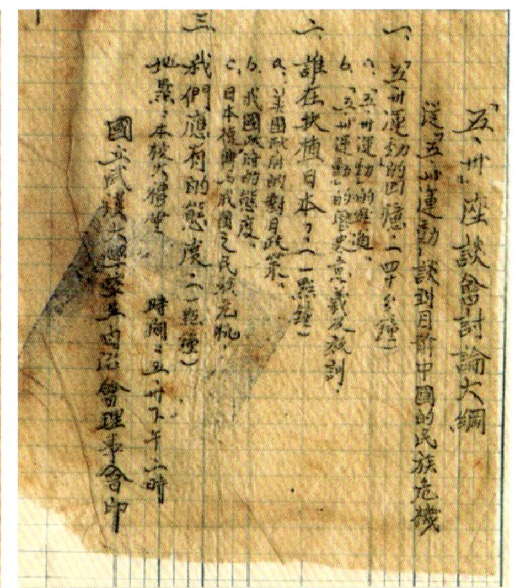

「五卅」座談會討論大綱

從「五卅」運動談到目前中國的民族危機

一、「五卅」運動的回憶：（四十分鐘）

a.「五卅」運動的經過、

b.「五卅」運動的歷史意義及教訓。

二、誰在扶植日本？（一點鐘）

a. 美國政府的對日政策、

b. 我國政府的態度、

c. 日本復興與我國之民族危機。

三、我們應有的態度：（一點鐘）

地點：本校大禮堂　時間：五卅下午二時

國立武漢大學學生自治會理事會

4
1 2 3
5

❶1947年武汉大学联合武汉的高校抗议美军暴行。

❷1947年5月30日为纪念五卅运动，学生自治会举行追思活动。

❸1949年在学生中传播的武汉市学联编的《中国学生运动的当前任务》一书。

❹❺国立武汉大学学生自治会1948年度执行委员选举会场。

复员武昌的学生社团 迎接新的曙光

学校复员武昌后，学生社团基本上处于共产党的领导之下，同时以开展学生运动为主体，辅之以学习时事政治及马列著作。他们开展了声援北平的“沈崇事件”，组织反美抗暴游行，领导了轰轰烈烈的“反内战，反饥饿，反迫害”运动，组织成立六一惨案处理委员会。

六一惨案促使人民的新觉醒

1947年5月，武大学生为声援南京五二〇血案，响应华北学联提出的全国学生举行六二反内战总罢课运动。6月1日凌晨3时，武汉警备司令部为阻止师生的革命行动，全副武装包围了珞珈山，学生与军警展开了英勇斗争。历史系学生黄鸣岗、土木系学生王志德、政治系学生陈如丰中弹，当场死亡。此外，重伤3人、轻伤10人，还逮捕了5位教授及23名学生及职员。这就是震惊中外的珞珈山六一惨案。经过顽强斗争，虽然平息了事件，但它使人民认清了国民党的反动本质。

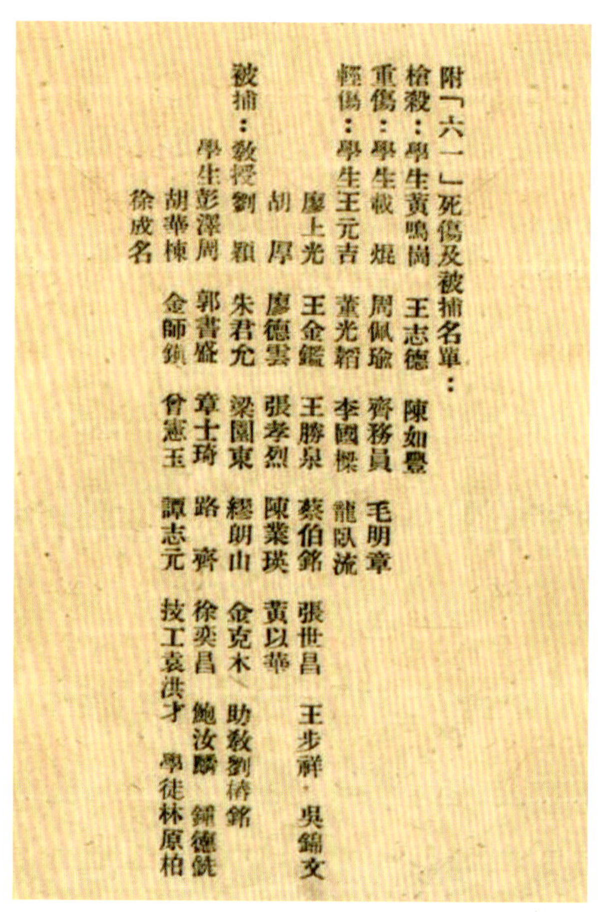

附「六一」死傷及被捕名單：
槍殺：學生黃鳴崗 王志德 陳如豐
重傷：學生載 焜 周佩瑜 齋務員 毛明章
輕傷：學生王元吉 董光韜 李國樑 龍臥流 張世昌 王步祥・吳錫文
廖上光 王金鑑 王勝泉 蔡伯銘
胡 厚 廖德雲 張孝烈 陳業瑛 黃以華
被捕：教授劉 穎 朱君允 梁園東 繆朗山 金克木、助教劉梼銘
學生彭澤周 郭書盛 章士琦 路 齊 徐奕昌 鮑汝麟 鍾德銑
胡華棟 金師鎮 曾憲玉 譚志元 技工袁洪才 學徒林原柏
徐成名

惨案中黄鸣岗、王志德、陈如丰三位同学遇难。

❶黄鸣岗　湖北枝江人，时年20岁。1946年入武大历史系学习，1947年6月1日被枪杀。

❷王志德　江苏武进人，时年19岁。1946年入武大土木工程系学习，1947年6月1日被枪杀。

❸陈如丰　台湾省台南人，时年22岁。1946年由台湾省保送到武大政治系读书，1947年6月1日被枪杀。

1
2
3

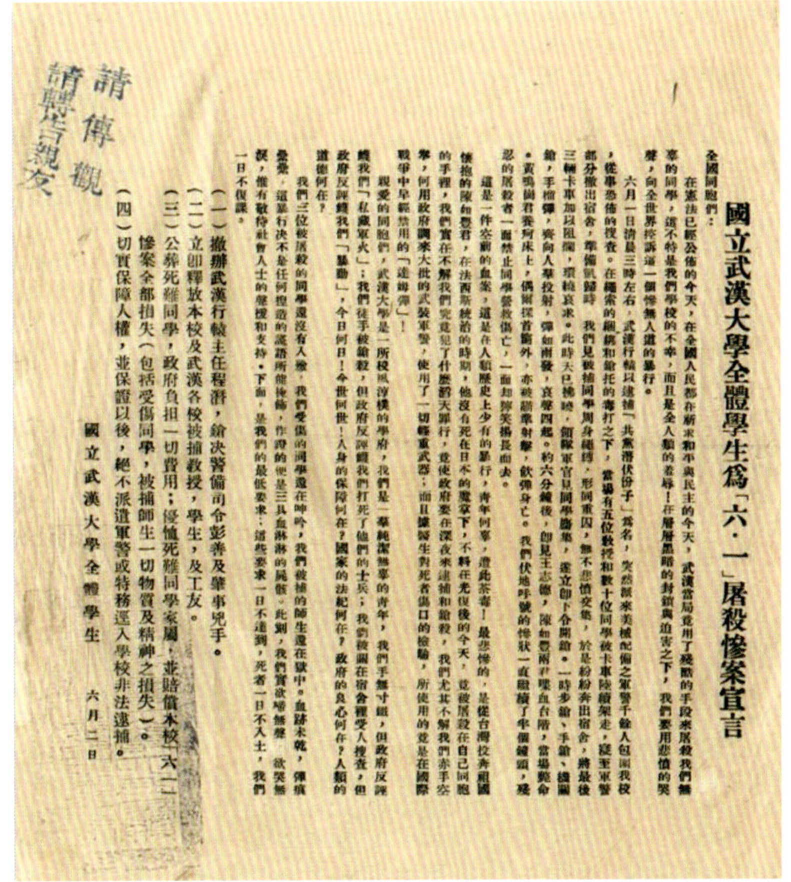

國立武漢大學全體學生爲「六·一」屠殺慘案宣言

全國同胞們：

在憲法已經公佈的今天，在全國人民都在渴求和平與民主的今天，武漢當局竟用了殘酷的手段來屠殺我們無辜的同學，這不特是我們學校的不幸，而且是全人類的羞辱！在層層黑暗的封鎖與迫害之下，我們要用悲憤的哭聲，向全世界控訴這一個慘無人道的暴行。

六月一日清晨三時左右，武漢行轅以逮捕「共黨潛伏份子」爲名，突然派來美械配備之軍警千餘人包圍我校，從事恐怖的搜查。在繩索的綑綁和槍托的毒打之下，當場有五位教授和數十位同學被卡車陸續架走，迨至軍警部分撤出宿舍，準備凱歸時，我們見被捕同學周身綑綁，形同重囚，無不悲憤交集，於是紛紛奔出宿舍，將最後三輛卡車加以阻攔，環繞哀求。此時天已拂曉，領隊軍官見同學聯集，遂立即下令開鎗。一時步鎗、手鎗、機關鎗，手榴彈，齊向人羣投射，彈如雨發，哀聲四起。約六分鐘後，即見王志德，陳如豐兩君喋血台階，當場斃命。黃鳴崗君倚臥床上，偶爾探首窗外，亦被瞄準射擊，飲彈身亡。我們伏地呼號的慘狀一直繼續了半個鐘頭，殘忍的屠殺者一面禁止同學營救傷亡，一面卻獰笑揚長而去。

這是一件空前的血案，這是在人類歷史上少有的暴行，青年何辜，遭此荼毒！最悲慘的，是從台灣投奔祖國懷抱的陳如豐君，在法西斯統治的時期，他沒有死在日本的魔掌下，不料在光復後的今天，竟被屠殺在自己同胞的手裡，我們實在不解我們究竟犯了什麼滔天罪行，竟使政府要在深夜來逮捕和鎗殺，我們尤其不解我們赤手空拳，何用政府調來大批的武裝軍警，使用了一切輕重武器；而且據醫生對死者傷口的檢驗，所使用的竟是在國際戰爭中早經禁用的「達姆彈」！

親愛的同胞們，武漢大學是一所校風淳樸的學府，我們是一羣純潔無辜的青年，我們手無寸鐵，但政府反誣賴我們「私藏軍火」；我們徒手被鎗殺，但政府反誣賴我們打死了他們的士兵；我們被關在宿舍裡受人搜查，但政府反誣賴我們「暴動」，今日何日！今世何世！人身的保障何在？國家的法紀何在？政府的良心何在？人類的道德何在？

我們三位被屠殺的同學還沒有入殮，我們受傷的同學還在呻吟，我們被捕的師生還在獄中。血跡未乾，彈痕纍纍，這鐵石決不是任何捏造的謠言所能掩飾，作證的便是三具血淋淋的屍骸。此刻，我們實欲嚎無聲，欲哭無淚，惟有敬待社會人士的聲援和支持。下面，是我們的最低要求：這些要求一日不達到，死者一日不入土，我們一日不復課。

（一）撤辦武漢行轅主任程潛，鎗決警備司令彭善及肇事兇手。
（二）立即釋放本校及武漢各校被捕教授，學生，及工友。
（三）公葬死難同學，政府負担一切費用；優恤死難同學家屬，並賠償本校「六一」慘案全部損失（包括受傷同學，被捕師生一切物質及精神之損失）。
（四）切實保障人權，並保證以後，絕不派遣軍警或特務逕入學校非法逮捕。

國立武漢大學全體學生　六月二日

請傳觀

請轉告親友

1947年6月2日，国立武汉大学全体学生为“六一”屠杀惨案发表宣言。

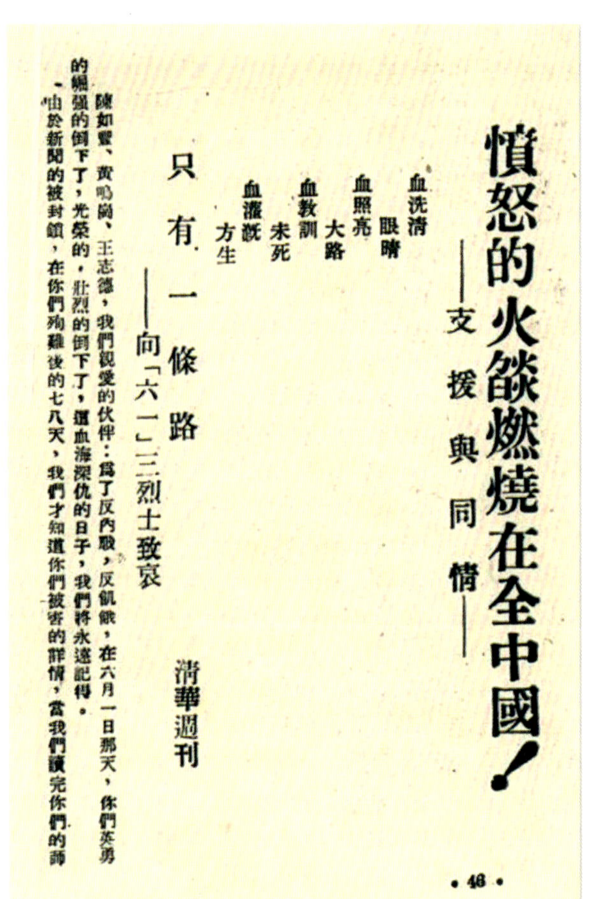

憤怒的火燄燃燒在全中國！

——支援與同情——

血洗清眼睛
血照亮大路
血教訓未死
血灌溉方生

只有一條路

——向「六一」三烈士致哀

清華週刊

陳如豐、黃鳴崗、王志德，我們親愛的伙伴：爲了反內戰，反飢餓，在六月一日那天，你們英勇的倔強的倒下了，光榮的，壯烈的倒下了，這血海深仇的日子，我們將永遠記得。

由於新聞的被封鎖，在你們殉難後的七八天，我們才知道你們被害的詳情，當我們讀完你們的噩

· 46 ·

祭

華北學聯

死者，我們知道你們是不能瞑目的，睜着眼睛去吧！你們神聖的靈魂，上升到國父的靈前，用血淚向他控訴：控訴他的叛逆。你們到一切受迫害的人羣裏去吧！告訴他們，他們的子孫和兄妹正在受更大的迫害。你們這些冤魂啊！在地下哀號吧！替暴虐者敲喪鐘；等人民唱讚歌……等着吧，等到人民的勝利，我們用暴虐者的腦漿鮮血來祭奠你們，你們再含笑的閉上眼皮。

申援·慰問·

——電文一束——

北平華北學聯：

「六一」貴校被軍警包圍，華北同學適於六二反內戰大會中得悉，羣情憤慨，茲決定罷課三天並向政府提出嚴重抗議。特此電達。

北大反飢餓反內戰委員會：

· 51 ·

1|2　❶《清华周刊》发文，向国立武汉大学三位烈士致哀。

❷华北学联发电向国立武汉大学三位烈士致哀。

1
2|3

❶1947年6月23日，武汉大学师生列队上街游行抗议政府暴行。

❷❸1947年6月22日学校在宋卿体育馆为三位烈士举行追悼会。

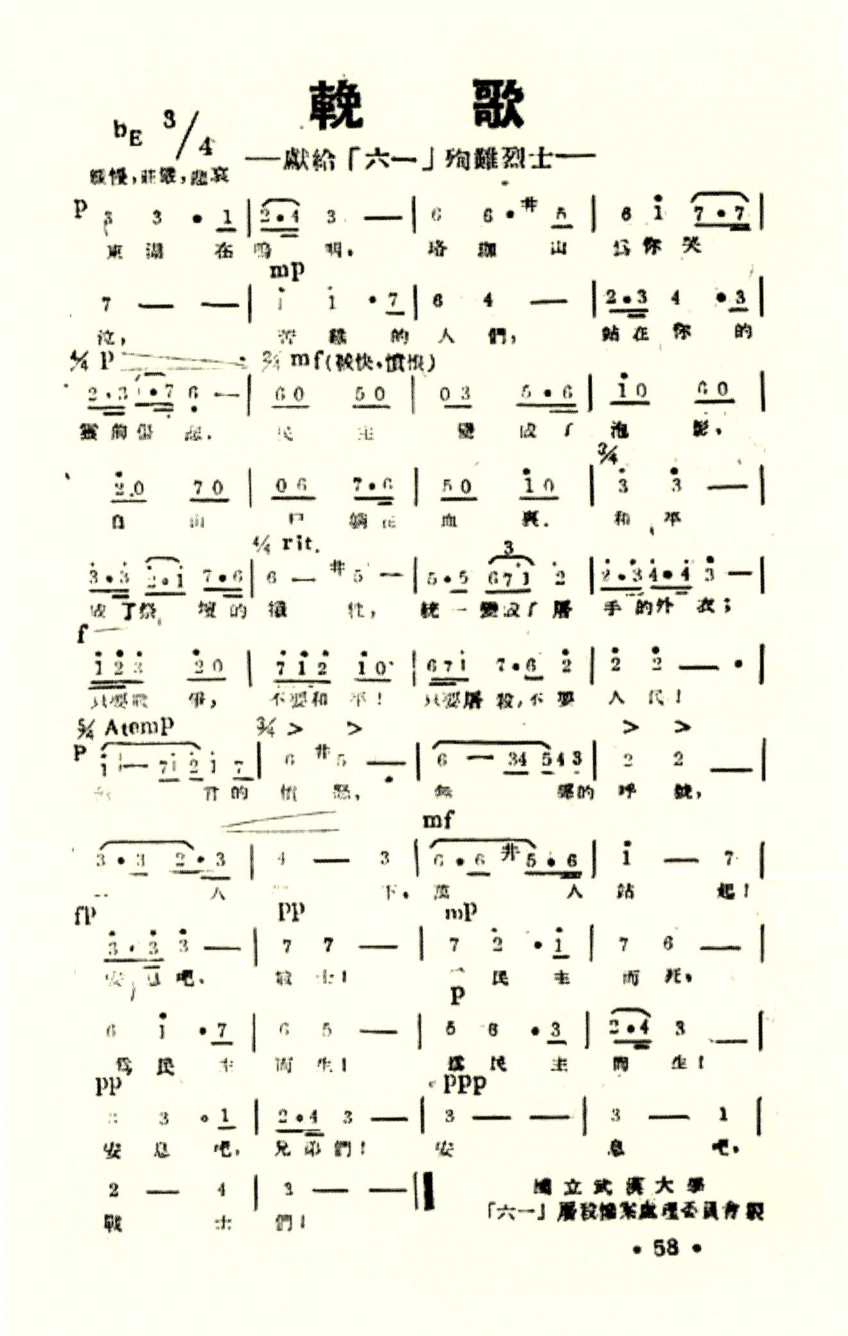

輓歌

—獻給「六一」殉難烈士—

bE 3/4

緩慢，莊嚴，悲哀

東湖在嗚咽，珞珈山為你哭
泣，善良的人們，站在你的
靈前悼念，民主變成了泡影，
自由已躺在血裏。和平
成了祭壇的犧牲，統一變成了屠手的外衣；
只要戰爭，不要和平！只要屠殺，不要人民！
背的憤怒，無 的呼號，
入 下，萬人站起！
安息吧，戰士！為民主而死，
為民主而生！為民主而生！
安息吧，兄弟們！安息吧，
戰士們！

國立武漢大學
「六一」屠殺慘案處理委員會製

• 58 •

为纪念三位烈士而创作的《挽歌》

武汉市文物保护单位
"六一"惨案遗址
(一九四七年)
湖北省武汉市人民政府
一九八三年四月七日公布
武汉市人民政府立

全国重点文物保护单位
武汉大学早期建筑
六一惨案纪念亭
中华人民共和国国务院
二〇〇一年六月二十五日公布
湖北省人民政府立

1|2
3

❶1983年六一惨案遗址被确定为武汉市文物保护单位。

❷ 2001年六一惨案遗址被确定为第五批全国重点文物保护单位。

❸国立武汉大学为纪念三位烈士修建六一纪念亭。

奋力反击的
黉门先生

在民族危亡不断加深时，学校的老师们也与国人一道为挽救民族危亡鼓与呼。他们通过著书立说，让国人了解日本这个民族；通过演讲宣传，让国人知晓这个民族的侵略本性；通过捐钱捐物，为抗战作出自己的贡献。

教师们的抗日救亡运动

著书立说，认知日本

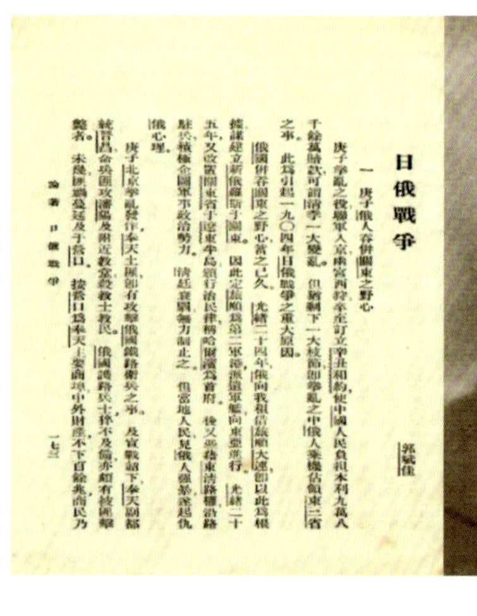

日俄戰爭　郭斌佳

一　庚子俄人吞併關東之野心

庚子拳亂之役，聯軍入京，兩宮西狩，李[illegible]訂立辛丑和約，使中國人民負担本利九萬八千餘萬賠款，可謂清季一大變亂。但猶[illegible]下一大枝節即拳亂之中俄人乘機佔領東三省之事。此爲引起一九〇四年日俄戰爭之重大原因。

俄國併吞關東之野心蓄之已久。光緒二十四年，俄向我租借旅順大連，即以此爲根據，謀建立新俄羅斯于關東。因此定旅順爲第三軍港，派遣軍艦向東亞巡行。光緒二十五年又設置關東省于遼東半島，頒行治民律，稱哈爾濱爲首府。復又與築東清路鐵沿路駐兵，積極企圖軍事政治勢力。清廷[illegible]力制止之。但當地人民見俄人强暴，遂起仇俄心理。

庚子北京拳亂發作，奉天土匪即有攻擊俄國鐵路衛兵之事。及宣戰詔下，奉天副都統晉昌命兵匪攻瀋陽及附近教堂，殺教士教民。俄國護路兵士猝不及備，亦即有被匪擊斃者。未幾匪黨發廷及于營口。按營口爲奉天主要商埠，中外財產不下百餘兆，商民乃

論著　日俄戰爭　一七三

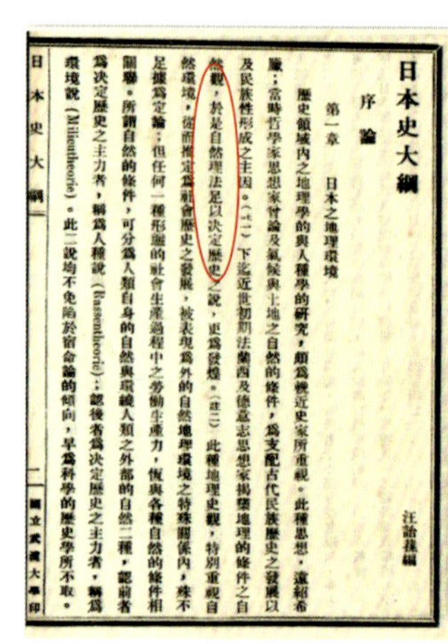

日本史大綱　汪詒蓀編

序論

第一章　日本之地理環境

歷史領域內之地理學的與人種學的研究，頗爲挽近史家所重視。此種思想，遠紹希臘；當時哲學家思想家曾論及氣候與土地之自然的條件，爲支配古代民族歷史之發展以及民族性形成之主因。（註一）下迄近世初期法蘭西及德意志思想家揭櫫地理的條件之自然觀，於是自然理法是以決定歷史之說，更爲發煌。（註二）此種地理史觀，特別重視自然環境，從而推定爲社會歷史之發展，被表現爲外的自然地理環境之特殊關係內，殊不足據爲定論；但任何一種形態的社會生產過程中之勞働生產力，恆與各種自然的條件相關聯。所謂自然的條件，可分爲人類自身的自然與環繞人類之外部的自然二種，認前者爲決定歷史之主力者，稱爲人種說（Rassentheorie）；認後者爲決定歷史之主力者，稱爲環境說（Milieutheorie）。此二說均不免陷於宿命論的傾向，早爲科學的歷史學所不取。

日本史大綱　一　國立武漢大學印

1 |2

❶1935年文学院历史系郭斌佳教授发表《日俄战争》，对日俄在中国东北争夺的过程、目的及意图进行了揭露。

❷1936年历史系汪贻荪教授出版了《日本史大纲》一书，对日本的地理位置、民族的起源、发展过程等进行了阐述。

演讲宣传，催醒国人

中華民國二十年十一月九日 （第一版）

本校佈告

中華民國二十年十一月三日

專載

實力的準備

上週紀念週陳通伯院長講

中華民國二十年十一月二十三日 （第一版）

專載

對日問題剖解

上週紀念週周鯁生教授講

1/2

❶1931年11月，文学院院长陈通伯（陈源）作“实力的准备”演讲，呼吁国人振奋精神，要求政府充实实力。

❷1931年11月，法学院教授周鲠生作“对日问题剖解”的演讲，要求青年要有抗战的决心，要做抗战的多方面准备。

國立武漢大學週刊

第一二五一期

本校佈告

秘書處通告

專載

國防軍需的準備

上週紀念週

王校長報告詞

1/2

❶1932年3月，工学院院长邵逸周作“国防军需的准备”的演讲，认为中国与日本打仗，不仅应在血肉上与之战斗，而且要在智力、财力、工力等方面都有发展，才能获得最后的胜利。

❷1933年1月，王世杰校长的演讲通报了山海关热河的战争形势、分析了日本侵略中国得不到国际有效援助的原因。针对形势，他说学校是延续民族精神生命的工具。

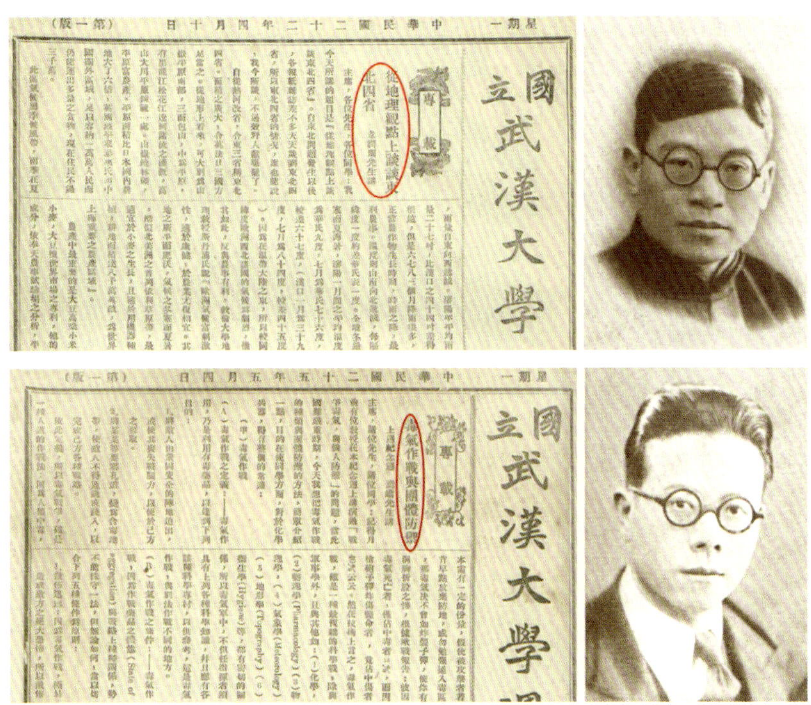

星期一 中華民國二十二年四月十日 （第一版）

國立武漢大學

專載

從地理觀點上談談東北四省

星期一 中華民國二十五年五月四日 （第一版）

國立武漢大學

專載

毒氣作戰與團體防禦

1/2

❶1933年4月，文学院历史系教授韦润珊作“从地理观点上谈谈东北四省”的报告。该报告认为，东北四省物产丰富，是中国的生命线，现在将其拱手让人，是不得了的危机。

❷1936年5月，理学院化学系教授叶峤作“毒气作战与团体防御”的报告。该报告讲了毒气的作用、毒气战的条件及毒气战的方法。

捐钱献物，抵制日货

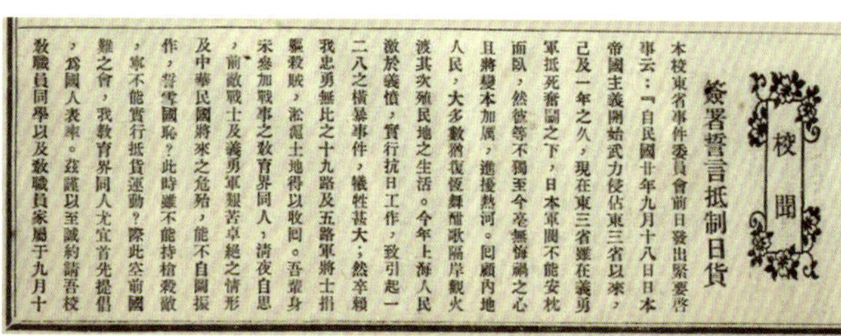

校聞

簽署誓言抵制日貨

本校東省事件委員會前日發出緊要啓事云：『自民國廿年九月十八日日本帝國主義開始武力侵佔東三省以來，已及一年之久，現在東三省雖在義勇軍抵死奮鬭之下，日本軍閥不能安枕而臥，然彼等不獨至今毫無悔禍之心且將變本加厲，進擾熱河。回顧內地人民，大多數猶復恆舞酣歌隔岸觀火渡其次殖民地之生活。今年上海人民激於義憤，實行抗日工作，致引起一二八之橫暴事件，犧牲甚大；然幸賴我忠勇無比之十九路及五路軍將士捐軀殺賊，淞滬土地得以收回。吾輩身未參加戰事之教育界同人，清夜自思，前敵戰士及義勇軍艱苦卓絕之情形及中華民國將來之危殆，能不自圖振作，誓雪國恥？此時雖不能持槍殺敵，寧不能實行抵貨運動？際此空前國難之會，我教育界同人尤宜首先提倡，爲國人表率。茲謹以至誠約請吾校教職員同學以及教職員家屬于九月十

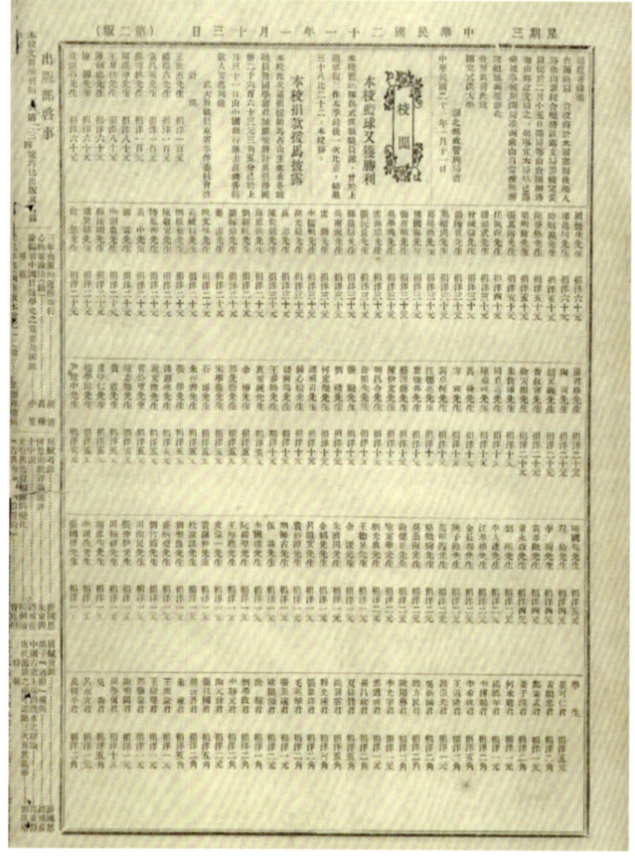

星期三　中華民國二十一年一月十三日　（第二版）

校聞

本校籃球又獲勝利

本校捐款援馬按語

出版部啓事

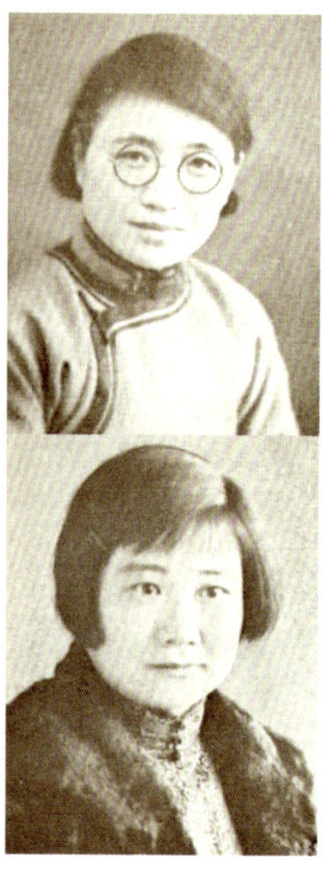

1/2 3/4

❶1931年九一八事变的第二天，学校发誓抵制日货。

❷1932年1月，为了支持马占山在东北的抗战，师生共捐银元2663.35元。其中捐款最多者为王世杰、杨端六、袁昌英、苏雪林，各捐100元。

❸文学院外语系教授袁昌英，十分惦记东北义勇军将士们，曾缝制棉衣千套送给东北抗日义勇军。

❹文学院中文系教授苏雪林，抗战一开始就将自己的薪金、版税和稿费拿了出来，购买了五十两黄金，全部捐献了出来。

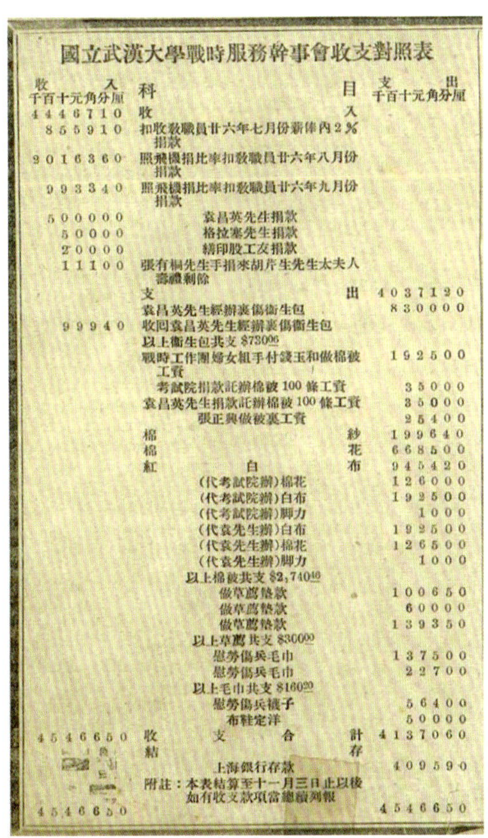

國立武漢大學戰時服務幹事會收支對照表

收入 千百十元角分厘	科目	支出 千百十元角分厘
4446710	收入	
855910	扣收教職員廿六年七月份薪俸內2%捐款	
9016360	照飛機捐比率扣教職員廿六年八月份捐款	
993340	照飛機捐比率扣教職員廿六年九月份捐款	
500000	袁昌英先生捐款	
50000	格拉塞先生捐款	
20000	精印股工友捐款	
11100	張有桐先生手捐來胡庠生先生太夫人壽禮剩除	
	支出	4037120
	袁昌英先生經辦裹傷衛生包	830000
99940	收回袁昌英先生經辦裹傷衛生包	
	以上衛生包共支 $730.06	
	戰時工作團婦女組手付錢玉和做棉被工資	192500
	考試院捐款託辦棉被100條工資	35000
	袁昌英先生捐款託辦棉被100條工資	35000
	張正興做被裏工資	25400
	棉紗	199640
	棉花	668500
	紅白布	945420
	(代考試院辦)棉花	126000
	(代考試院辦)白布	192500
	(代考試院辦)脚力	1000
	(代袁先生辦)白布	192500
	(代袁先生辦)棉花	126500
	(代袁先生辦)脚力	1000
	以上棉被共支 $2,740.46	
	做草薦墊款	100650
	做草薦墊款	60000
	做草薦墊款	139350
	以上草薦共支 $300.00	
	慰勞傷兵毛巾	137500
	慰勞傷兵毛巾	22700
	以上毛巾共支 $160.20	
	慰勞傷兵襪子	56400
	布鞋定洋	50000
4546650	收支合計	4137060
	結存	
	上海銀行存款	409590
	附註：本表結算至十一月三日止以後如有收支款項當繼續列報	
4546650		4546650

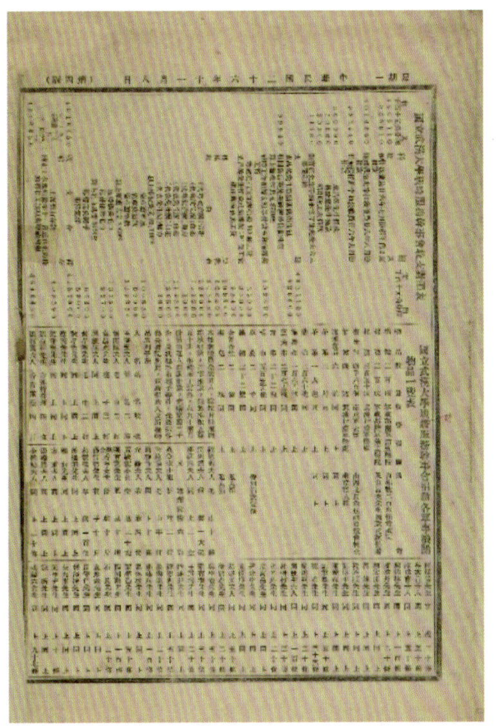

1 2/3

❶1936年11月，为了慰劳绥远将士，学校发起捐款活动，共集国币2000元。学校派叶雅各、董审宜二先生前往绥远慰问。

❷1937年7月，教职员7月薪俸捐赠2%，计855.91元；1937年8月，因造飞机，教职员8月薪俸捐赠，计2016.36元；1937年9月，因造飞机，教职员9月薪俸捐赠，计993.34元。

❸1937年10月，学校教职员及家属将手工制作的卫生包4600个，通过武汉抗敌后援会转往前方。随着天气越来越寒冷，又赶制棉被520床，送交后方医院使用。对于救伤物品，则是源源不断地供给。

反对国民党的法西斯统治，捍卫学术自由

发起“挽留王星拱，抵制程天放”运动。1940年春天，国民党掀起第一次反共高潮，教育部决定把主张学术自由的校长王星拱调走，另派程天放到武大任校长。消息一出，一些有爱国心的教授们，立刻发起“挽留王星拱，抵制程天放”的运动，最后取得成功。

1
2 | 3
4

❶参与“挽留王星拱，抵制程天放”运动的叶圣陶教授，1938年到校任文学院中文系教授。

叶圣陶（1894—1988） 原名叶绍钧，字秉臣、圣陶，现代作家、教育家、文学出版家和社会活动家，有“优秀的语言艺术家”之称。

❷参与“挽留王星拱，抵制程天放”运动的朱光潜教授，1938年到校任文学院外文系教授，1941—1944年任教务长。

朱光潜（1897—1986） 字孟实，安徽省桐城人，现当代著名美学家、文艺理论家、教育家、翻译家。

❸参与“挽留王星拱，抵制程天放”运动的戴铭巽教授，1931年任法学院经济系教授。

戴铭巽（1903—1970） 号凝之，江苏镇江人。英国爱丁堡大学商学学士。在武大主讲簿记学、会计学、统计学等课程。

❹参与“挽留王星拱，抵制程天放”运动的郭霖教授，1929年到校任工学院机械系教授。

郭　霖（1894—1942） 湖北当阳人，著名工程师，机械学家。

利用讲台，宣传民主，伸张正义。抗战初期，武汉大学许多具有爱国精神的教授，利用一切机会积极参加抗日救亡运动。他们中有政治系杨东莼教授、法律系蒋思道教授、外语系缪朗山教授等。

❶在课堂上积极宣传马克思主义的杨东莼教授，1944年到校任法学院政治系教授。

杨东莼（1900—1979） 湖南醴陵人。历史学家、翻译家、教育家、社会活动家。

❷在课堂上对国民党进行讽刺谩骂的蒋思道教授，1930年到校任法学院法律系教授。

蒋思道 江西人，日本帝国大学法学士。

❸在课堂上积极宣传马克思主义的缪朗山教授，1944年到校任文学院外文系教授。

缪朗山（1910—1978） 广东中山人。著名的西方文学及西方文艺理论研究学者。

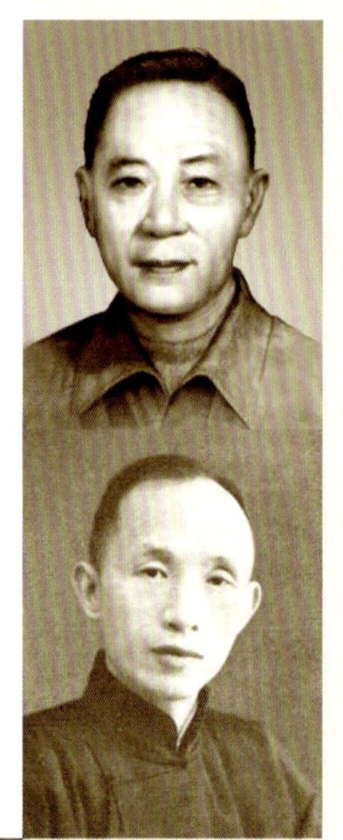

1
2
3

1/2

掩护和营救进步学生。乐山时期武汉大学的革命斗争如火如荼，这与进步教职员工的支持分不开。在白色恐怖袭来时，他们挺身而出，冒着生命危险掩护和营救进步学生。

❶保护和营救过进步师生的校长王星拱。

王星拱（1888—1949）　字抚五，安徽怀宁人。1933年5月—1945年7月任国立武汉大学校长。

❷保护和营救过进步师生的训导长赵师梅。

赵师梅（1894—1984）　湖北巴东人。美国理海大学机械电气科毕业。1930年到校任电机工程学系教授兼系主任。

因反对国民党的独裁统治，五位教授被捕

1947年6月1日凌晨3时，武汉警备司令部为阻止师生的革命行动，纠集军警宪特数千人，全副武装包围了珞珈山，直接包围武大男女学生宿舍和教员住宅，并在制高点架设机关枪、迫击炮。在与军警展开的斗争中，梁园东、缪朗山、金克木、刘颖、朱君允等5位教授被逮捕。

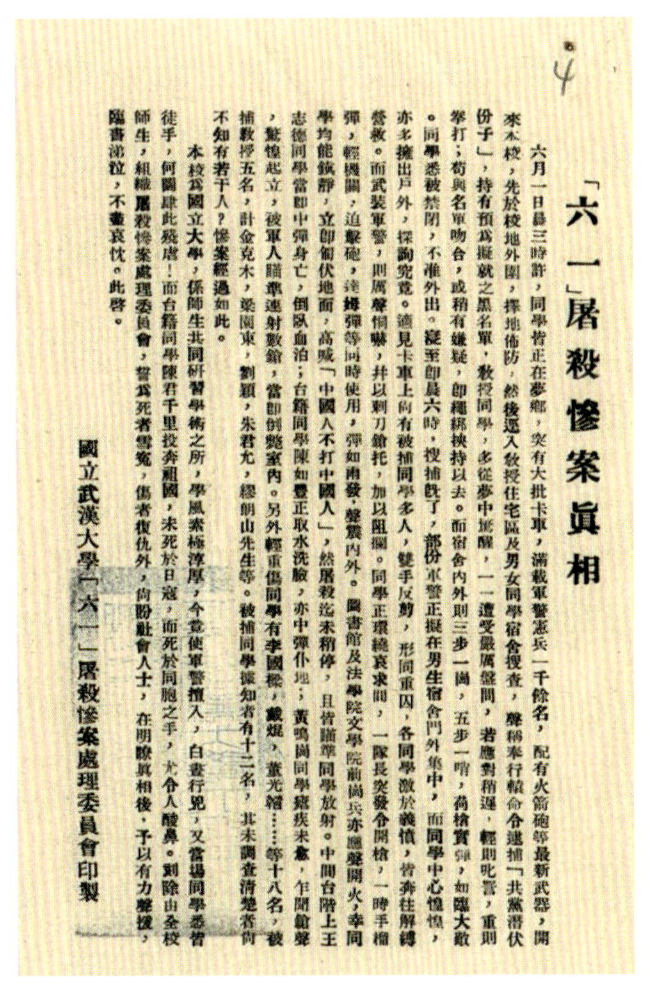

「六一」屠殺慘案眞相

六月一日晨三時許，同學皆正在夢鄉，突有大批卡車，滿載軍警憲兵一千餘名，配有火箭砲等最新武器，開來本校，先於校地外圍，擇地佈防，然後逕入教授住宅區及男女同學宿舍搜查，聲稱奉行轅命令逮捕「共黨潛伏份子」，持有預爲擬就之黑名單，教授同學，多從夢中搖醒，一一遭受嚴厲盤問，若應對稍遲，輕則叱罵，重則拳打；苟與名單吻合，或稍有嫌疑，即繩綁挾持以去。而宿舍內外則三步一崗，五步一哨，荷槍實彈，如臨大敵。同學悉被禁閉，不准外出。迨至卽晨六時，搜捕既了，部份軍警正擬在男生宿舍門外集中，而同學中心憤慨，亦多擁出戶外，探詢究竟。適見卡車上尚有被捕同學多人，雙手反剪，形同重囚，各同學激於義憤，皆奔往解縛營救。而武裝軍警，則厲聲恫嚇，并以刺刀鎗托，加以阻攔。同學正環繞哀求間，一隊長突發令開槍，一時手榴彈，輕機關，迫擊砲，達姆彈等同時使用，彈如雨發，聲震內外。圖書館及法學院文學院前崗兵亦應聲開火，幸同學均能鎮靜，立卽匍伏地面，高喊「中國人不打中國人」，然屠殺迄未稍停，且皆瞄準同學放射。中間台階上王志德同學當卽中彈身亡，倒臥血泊；台籍同學陳如豐正取水洗臉，亦中彈仆地；黃鳴崗同學瘋疾未愈，乍聞槍聲，驚惶起立，被軍人瞄準連射數鎗，當卽倒斃室內。另外輕重傷同學有李國樑，戴煜，董光緒……等十八名，被捕教授五名，計金克木，梁園東，劉穎，朱君允，繆朗山先生等。被捕同學據知者有十二名，其未調查清楚者尚不知有若干人？慘案經過如此。

本校爲國立大學，係師生共同研習學術之所，學風素極淳厚，今竟使軍警擅入，白晝行兇，又當場同學悉皆徒手，何圖肆此殘虐！而台籍同學陳君千里投奔祖國，未死於日寇，而死於同胞之手，尤令人酸鼻。刻除由全校師生，組織屠殺慘案處理委員會，誓爲死者雪冤，傷者復仇外，尚盼社會人士，在明瞭眞相後，予以有力聲援，臨書涕泣，不盡哀忱。此啓。

國立武漢大學「六一」屠殺慘案處理委員會印製

1947年6月1日屠杀惨案发生后学校及时公布事情真相。

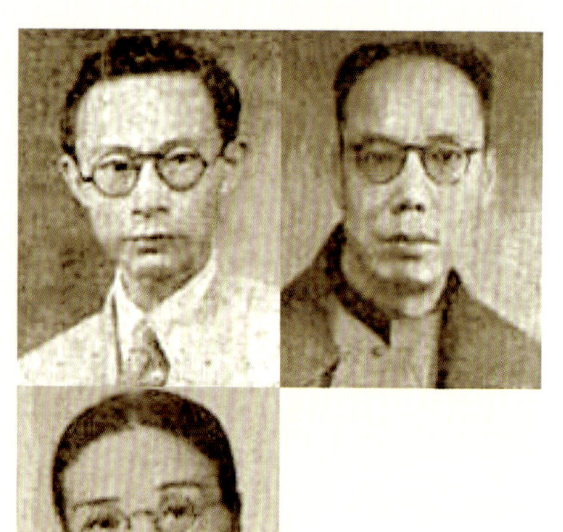

1 2
3
4
5

❶金克木（1912—2000） 惨案中被捕的金克木教授，男，字止默，笔名辛竹，安徽寿县人，中国著名文学家，翻译家，梵学研究、印度文化研究家。1946年任武汉大学哲学系教授。

❷梁园东（1901—1968） 惨案中被捕的梁园东教授，男，汉族，山西忻县人，著名历史学家、教授。原名佩衷，字公宇，1927年起，改名园东。1945年任武汉大学教授。

❸朱君允（1896—1966） 惨案中被捕的朱君允教授，女，湖南常德人，1942年入武汉大学任教，是武汉大学文学院著名的五女教授之一。

❹刘　颖（1913—1984） 惨案中被捕的刘颖教授，山东禹城人，1945年任武汉大学教授、机械工程系主任。

❺缪朗山（1910—1978） 惨案中被捕的缪朗山教授，男，广东中山人。著名的西方文学及西方文艺理论研究学者。1944年任武汉大学外文系教授。

國立武漢大學教授會爲武大六一慘案宣言

最近各地學潮澎湃，動盪不安，同人等鑒於時局險惡，曾諄諄勸告學生遇事持重，孰料橫禍飛來，竟發生這令人難以置信的六一流血慘案。同人等悲憤滿腔，不能不向我國人作這血和淚的申訴。

事情的經過是這樣：本校師生近正安靜上課，突於五月卅一日深夜三時左右，有武裝軍警一千餘人之衆，馳來珞珈山，包圍全校，斷絕交通，如臨大敵，並即開始挨戶搜捕。當被捕去教授五人，學生數十人，皆用大卡車裝載而去。所捕師生，概係用繩索綑綁。迨天已破曉，其餘學生乃紛紛出舍觀看，見有卡車一輛，停留舍外，尚在裝入繼續被捕同學，因圖加以營救，不料武裝軍警竟於此時對此等手無寸鐵的學生羣衆，開槍射擊，同時並擲手溜彈三枚，且聞有機關槍聲數百響。當時學生密集，逃避無路，事後檢查，計當時被擊斃者三人，重傷三人，輕傷二十餘人。至於失踪學生之人數，一時尚無法查明。

查此次血案發生之日，學生既未罷課，又無其他不軌行爲：慘案的開端是在夜間，流血的地點是在學生宿舍。死者三人中有一人尚在寢室之內，僅憑窗向外眺望，即被瞄準射擊斃命。同人愚昧，實不了解我們這些安居學校埋頭研究的教授和學生，究竟犯了什麼彌天大罪，必須大批軍隊作深夜武裝圍捕的緊急措置，更不明白這些本不在被捕之列的學生們，赤手空拳，爲什麼竟應當遭受這樣非法殘酷的屠殺？即使他們有觸怒軍警之處，亦何至必須用手溜彈機關槍等武器，加以毒害？而且據醫生對死者的傷口檢查，所使用的槍彈竟還是國際戰爭上被禁用的「達姆彈」！人民生命的保障何在？國家法紀的尊嚴何在？人類的道德文明又何在？同人等目覩此種慘痛情形，實已欲哭無淚，爰一致決議自即日起，全體暫行罷教一週，以示抗議與悲悼，並向政府提出下列幾項最低的要求：

一、嚴懲肇禍兇手，並追究責任。

二、立即釋放被捕之教授與學生，如確有犯罪嫌疑，應即送解適法院，依法審判。

三、優卹已死學生之家屬，並賠償受傷學生一切物質與精神上之損失。

四、保證以後不再派遣軍警或特務份子任意侵入學校，非法逮捕。

國立武漢大學教授會　六月一日

1947年6月1日，武汉大学教授会发表六一惨案宣言。

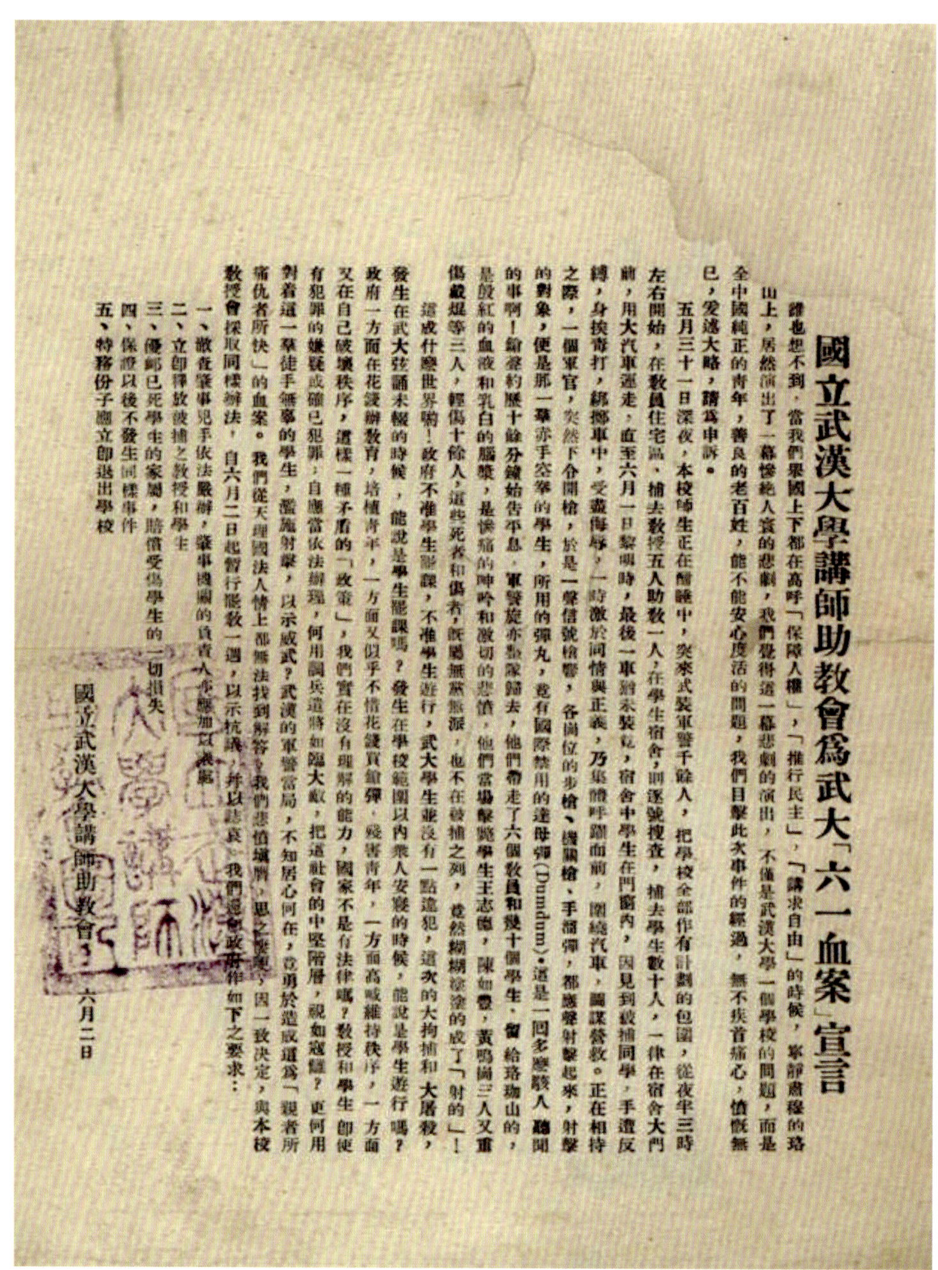

國立武漢大學講師助教會爲武大「六一血案」宣言

誰也想不到，當我們舉國上下都在高呼「保障人權」，「推行民主」，「講求自由」的時候，寧靜肅穆的珞山上，居然演出了一幕慘絕人寰的悲劇，我們覺得這一幕悲劇的演出，不僅是武漢大學一個學校的問題，而是全中國純正的青年，善良的老百姓，能不能安心度活的問題，我們目擊此次事件的經過，無不疾首痛心，憤慨無已，爰述大略，請爲申訴。

五月三十一日深夜，本校師生正在酣睡中，突來武裝軍警千餘人，把學校全部作有計劃的包圍，從夜半三時左右開始，在教員住宅區，捕去教授五人助教一人，在學生宿舍，則逐號搜查，捕去學生數十人，一律在宿舍大門前，用大汽車運走，直至六月一日黎明時，最後一車猶未裝竟，宿舍中學生在門窗內，因見到被捕同學，手遭反縛，身挨毒打，綁擲車中，受盡侮辱，一時激於同情與正義，乃集體呼躍而前，圍繞汽車，圖謀營救。正在相持之際，一個軍官，突然下令開槍，於是一聲信號槍響，各崗位的步槍、機關槍、手溜彈，都應聲射擊起來，射擊的對象，便是那一羣赤手空拳的學生，所用的彈丸，竟有國際禁用的達母彈(Dumdum)·這是一回多麼駭人聽聞的事啊！鎗聲約歷十餘分鐘始告平息，軍警旋亦整隊歸去，他們帶走了六個教員和幾十個學生，留給珞珈山的，是殷紅的血液和乳白的腦漿，是慘痛的呻吟和激切的悲憤，他們當場擊斃學生王志德，陳如豐，黃鳴崗三人又重傷殿焜等三人，輕傷十餘人，這些死者和傷者，既屬無黨無派，也不在被捕之列，竟然糊糊塗塗的成了「射的」！

這成什麼世界喲！政府不准學生罷課，不准學生遊行，武大學生並沒有一點違犯，這次的大拘捕和大屠殺，發生在武大弦誦未輟的時候，能說是學生罷課嗎？發生在學校範圍以內衆人安寢的時候，能說是學生遊行嗎？政府一方面在花錢辦教育，培植青年，一方面又似乎不惜花錢買鎗彈，殘害青年，一方面高喊維持秩序，一方面又在自己破壞秩序，這樣一種矛盾的「政策」，我們實在沒有理解的能力，國家不是有法律嗎？教授和學生卽使有犯罪的嫌疑或確已犯罪，自應當依法辦理，何用調兵遣將如臨大敵，把這社會的中堅階層，視如寇讎？更何用對着這一羣徒手無辜的學生，濫施射擊，以示威武？武漢的軍警當局，不知居心何在，竟勇於造成這爲「親者所痛仇者所快」的血案。我們從天理國法人情上都無法找到解答，我們悲憤填膺，思之慘痛，因一致決定，與本校教授會採取同樣辦法，自六月二日起暫行罷教一週，以示抗議，并以誌哀。我們還向政府作如下之要求：

一、徹查肇事兇手依法嚴辦，肇事機關的負責人亦應加以懲處
二、立卽釋放被捕之教授和學生
三、優卹已死學生的家屬，賠償受傷學生的一切損失
四、保證以後不發生同樣事件
五、特務份子應立卽退出學校

國立武漢大學講師助教會
六月二日

1947年6月2日，武汉大学讲师助教会发表六一惨案宣言。

积极开展进步活动 迎接新曙光的到来

1948年5月，武大党组织依靠进步社团，举办了纪念五四运动29周年活动。化学系邬保良教授，史学系刘绪贻、吴于廑教授发表了热情洋溢的演讲，深受大家欢迎。1948年6月，六一惨案周年纪念活动，邀请民主人士李书城来校介绍参观解放区的亲身感受，使师生深受教育和鼓舞。1949年春，蒋介石政府阴谋策划搬迁学校和大规模屠杀。周鲠生校长在进步师生的感召之下，坚决抵制迁校桂林。

❶纪念五四运动29周年活动，发表演讲的邬保良教授。

❷纪念五四运动29周年活动，发表演讲的吴于廑教授。

❸纪念五四运动29周年活动，发表演讲的刘绪贻先生。

❹六一惨案周年纪念活动，应邀来校介绍解放区情况的李书城先生。

李书城（1882—1965）　湖北潜江人，中国近代民主革命家。1948年与张难先等在湖北发起反蒋和平运动。1949年中华人民共和国成立后任农业部长。

❺带领师生护校保产迎接武汉解放的周鲠生校长。

周鲠生　湖南长沙人。英国爱丁堡大学硕士，法国巴黎大学法学博士。1929年到校任教授，1945年任校长。

1
2

英勇献身的
武大师生

晚清以降直到民国，中华民族深受帝国主义、封建主义和官僚资本主义的压迫，民不聊生，为挽救民族危亡，拯救民众于水火，不少武大人奋发图强、前赴后继，投入滚滚的革命洪流之中，直到献出自己的宝贵生命。

❶陈潭秋（1896—1943） 湖北黄冈人。1919年6月毕业于国立武昌高等师范学校英语部。1922—1923年在武昌高师附小任教，使之成为武汉地区的革命摇篮之一。1927年任国立武昌中山大学政治训练委员会委员。1943年9月在新疆被军阀盛世才杀害。

❷李汉俊（1890—1927） 湖北潜江人。中国共产党一大代表。1922年回武汉开展革命活动。同时，在武汉大学前身的国立武昌师范学校、武昌大学及武昌中山大学任教。1927年12月17日被反动军阀杀害，年仅37岁。

1|2|3
4
5
6

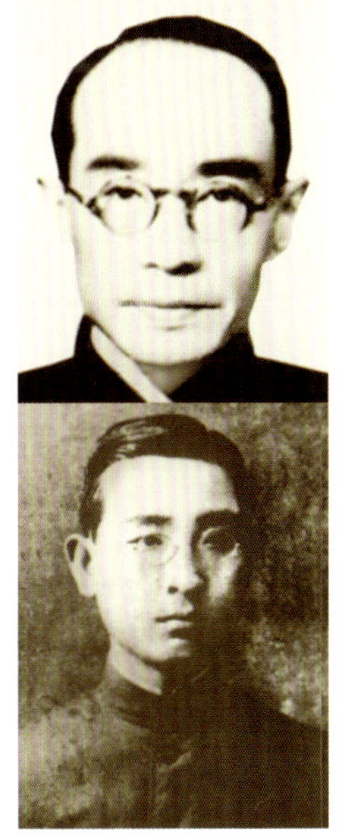

❶钱亦石（1889—1938） 又名钱介磐。湖北咸宁人。1916年秋考入国立武昌高等师范学校。1920年夏任国立武昌高等师范学校附小教导主任。1924年，由董必武、陈潭秋介绍入党。抗战期间，主要从事战地服务和宣传工作，1938年1月在上海病逝，年仅49岁。

❷耿　丹（1892—1927） 字仲钊，湖北安陆人。英国伦敦大学经济学博士。1920年任国立武昌高等师范学校教务长、国立武昌商业专门学校教授，主讲公民课和经济学。他与李汉俊积极反对国民党反动派。1926年加入共产党。1927年9月被国民党反动派杀害，时年35岁。

❸何羽道（1882—1928） 字翼人，湖北汉川人。1917年任国立武昌高等商业专门学校和湖北公立法政专门学校经济学教授，1927年在国立武昌中山大学任法学教授。他在武昌青石桥3号的公馆是共产党的地下联络处。1928年1月4日，被国民党反动派杀害。

❹陈雨苍（1889—1947） 字少峰，湖北荆门人。德国柏林医科大学医学博士。1921年，他在武昌两湖书院旧址，创办了湖北省立医科专门学校并任校长。后该校并入国立武昌中山大学。1933年以后专门从事党的地下情报工作。因积劳成疾，1947年1月病逝。

❺郑太朴（1901—1949） 名松堂，字贤宗，号太朴。浙江平湖人。1926年参与武昌中山大学的筹备工作并在学校任教。1931年8月在上海被捕，经宋庆龄、冯玉祥等大力营救获释出狱。1949年赴解放区参加筹备召开新政协，因劳碌奔波，突发脑出血去世。

❻林可彝（1893—1928） 原名瑞鼎，字可彝，福建罗源县人。1913年入福建政法专门学校学习，后留学日本早稻田大学、明治大学。1920年回国后从事马克思主义研究和宣传工作。1927年到武昌中山大学任教授，年底被捕。1928年1月英勇就义，时年35岁。

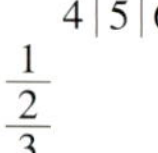

❶邬聘三（1900—1930） 武汉市黄陂李家集邬家林子人。1927年受党组织派遣，来到武昌中山大学工作，组建武昌中山大学学生会，宣传革命思想。1928年按照党的指示，在汉口开诊所行医，秘密从事党的地下工作。1930年9月，在汉口被捕遇难。

❷张朝燮（1902—1927） 字淡林（澹宁），江西永修人，1922年考入国立武昌高等师范学校国文史地部。1925年年初，他从武昌师大提前毕业，由党派回南昌工作。1927年4月，永修县党部被国民党右派和土豪包围。张朝燮为突围求援，英勇牺牲，年仅25岁。

❸何子述（1901—1931） 别号健周，湖北省应山县吴家店人。1919年考入国立武昌高等师范学校学习，毕业留校任教。1925年中共武昌大学支部成立，任书记。1931年在天津被捕，壮烈牺牲。

❹任开国（1898—1928） 四川青神人。1920年考入国立武昌高等师范学校，1926年分配到武昌师大附小任教。1928年3月，中共湖北省委遭到大破坏，他在武汉后花楼被捕，不久被国民党反动派杀害。

❺刘季良（1896—1927） 湖北省黄冈县李集镇刘先湾人。1917年考入国立武昌高等师范学校，1920年毕业后留校附中任教。伍修权回忆说曾是他的学生。1925年年底，他到黄石、大冶等地指导工农运动。1927年被秘密杀害。

❻闻一多（1899—1946） 湖北浠水人。1928年8月到国立武汉大学，1930年6月离开。担任过文学院院长，将罗家山改名珞珈山，主持设计校徽，为学校的建设发展做了诸多工作。1946年7月15日被国民党特务暗杀。

吴宗鲁（1904—1928） 江苏盐城人。1927年入国立武昌中山大学经济学系学习。在学校积极从事革命活动。1927年12月，反动派突然包围了武昌中山大学。他因被人出卖，遭到逮捕，1928年1月14日被杀害，时年24岁。

梅玉珂（1904—1927） 女，湖北黄梅人。1925年加入共产党。1927年由党组织安排入国立武昌中山大学读书，担任学校地下党支部组织委员兼小组长。1927年11月28日，她到裕华纱厂去做宣传，遭特务逮捕，英勇就义。

严大朱 又名严达洙，江西万安人。1927年入国立武昌中山大学外国文学系学习，参与了当时轰轰烈烈的大革命运动。1927年11月，他在声援武昌震寰纱厂工人运动后，在阅马场被国民党军队杀害。

叶英群 安徽桐城人，1927年考入国立武昌中山大学社会历史学系，担任国立武昌中山大学文学院支部书记。1927年11月，参与了声援武昌震寰纱厂工人的活动。1928年年初被捕，牺牲于武昌。

陈漱之（1908—1928） 湖南浏阳人。1927年考入国立武昌中山大学，边学习边从事革命工作。10月，他调任共产党创办的救济组织——中国济难会华中办事处工作。1928年3月被武昌卫戍司令办事处逮捕，20日被杀害于汉口。

1 2
3
4
5

❶彭明晶（1899—1927）　四川安岳县人。1927年入国立武昌中山大学学习。他同时邀请罗荣桓到武昌中山大学读书，并介绍罗荣桓加入共产党。汪精卫叛变后，他接任中共武昌区委书记。1927年9月，他被捕遇害，时年28岁。

❷许闻道（1903—1927）　原名蕴道，湖南宁乡人。1927年考入武昌中山大学。1927年11月26日，为支援武昌震寰纱厂女工的斗争，武汉各界妇女在武昌中山大学集会，推选她为大会主席。后军警包围纱厂，她当场被捕英勇就义。

❸伍　云（1903—1949）　湖南零陵人。1927年从国立武昌中山大学专门部政治经济系肄业，1929年7月在国立武汉大学代办专门部政治经济学系补习一学期后毕业，在校加入共产党。1949年6月他被捕入狱，9月被杀害于永州北门。

❹聂之俊（1916—1939）　字明德，笔名焉之。江西清江县人。1935年，考入国立武汉大学工学院。1937年7月，到湖北应城汤池陶铸主办的第一期农村合作事业训练班学习。1938年被国民党逮捕。1939年1月被杀害，时年23岁。

❺曹　介（1919—1943）　四川宜宾人。1935年在国立武汉大学求学期间加入共产党，根据党组织安排参加红军。1943年3月被日伪军抓捕，7月被日军残酷杀害，年仅24岁。

❶谢文耀（1913—1948） 湖北汉川人。1936年他与武汉大学一批进步青年，成立了“武大青年救国团”，并成为负责人之一，1937年加入中国共产党并参加革命。1948年2月，在河南汝南被穷凶极恶的“还乡团”杀害，年仅34岁。

❷许明清（1918—1946） 原名陈玉虹，浙江平湖人。1937年考入国立武汉大学经济系。在董必武、陶铸等人的动员下参加了革命。1938年4月加入共产党。长期在鄂西北从事革命活动，1946年10月被国民党反动派杀害于湖北竹山。

❸章培毅（1920—1949） 安徽桐城人。1939年考入国立武汉大学工学院机械工程系。毕业后在其叔父章伯钧的指引下，从事民主党派工作。1948年在重庆青木关被捕，被关押在渣滓洞。1949年11月，在渣滓洞大屠杀中殉难，时年29岁。

❹陈彦儒（1923—1948） 陕西富平人。1942年考入国立武汉大学文学院历史系。1945年7月到中原解放区工作，1946年6月中旬，在中原突围中，为掩护连队指导员撤退，不幸被俘。1948年春节前壮烈牺牲。

❺韩秉炀（1921—1949） 四川威远人。1943年秋考入乐山时期武汉大学电机系，次年转入历史系。1947年在川南党组织领导下，在自贡、威远一带活动。1949年1月被国民党特务逮捕，囚于渣滓洞监狱，“11·27”大屠杀时英勇就义。

1
2
3
4

❶戴　健（1920—1946）　安徽天长县人。1943年考入国立武汉大学文学院历史系。读书期间积极参加学生进步组织的活动。1945年8月到鄂豫皖边区参军。1946年7月，中原突围，在豫西淅川抢渡丹江时，被山洪冲走，光荣牺牲。时年26岁。

❷王志德（1928—1947）　江苏武进县人，1945年毕业于武进西郊中学。次年进入南京临大补习班，不久由教育部分派入国立武汉大学土木系一年级。1947年六一惨案时被国民党军警用达姆弹枪杀于老斋舍“志德门”前石阶上。

❸黄鸣岗（1923—1947）　原名锡麟，湖北枝江人，1946年秋考入国立武汉大学历史系。1947年6月1日凌晨被国民党军警枪杀于老斋舍张字斋。

❹陈如丰（1925—1947）　台湾省台南县新营人，1946年秋考入国立武汉大学政治系。1947年六一惨案时被国民党军警枪杀于老斋舍“如丰门”茶炉旁。

红|色|珞|珈

团结抗战

——珞珈山上的革命风云

珞珈山成为
国民党抗战的重要场所

1937年11月18日，南京国民政府开始在武汉办公，直到1938年10月25日武汉失守，武汉成为事实上的“临时首都”，成为全国抗战的政治、军事、经济、文化中心。国民党在这里召开过中国国民党临时全国代表大会，举办过国民党军官训练团。

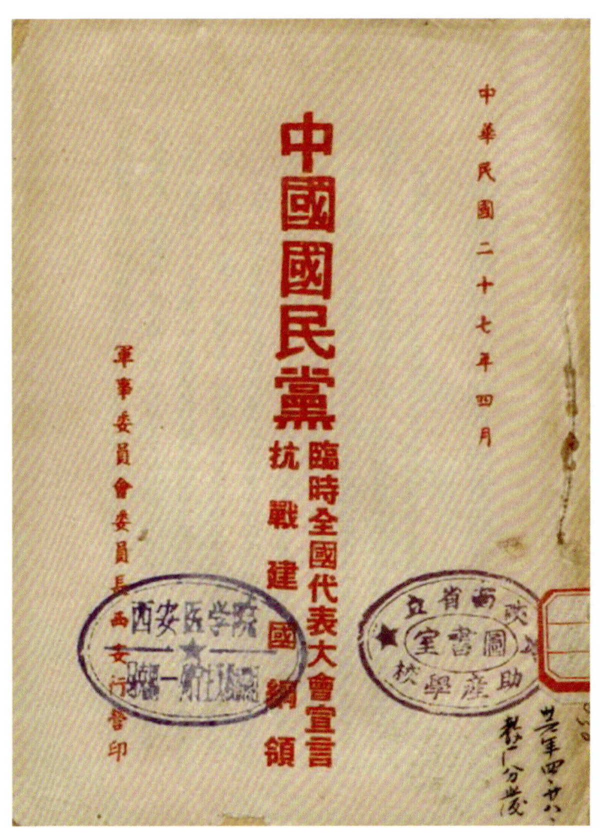

1938年3月29日—4月1日，在珞珈山召开的国民党临时全国代表大会通过的《抗战建国纲领》。

1/2

❶珞珈集训的伟大行列。

❷珞珈山军事训练场景。

珞珈山成为
共产党抗日救亡的重要阵地

此时的珞珈山成为共产党开展抗日救亡活动的重要阵地，成为共产党人联合南京国民政府协同抗日的重要场所。周恩来、董必武、郭沫若等云集珞珈山开展抗战的统战工作，从事抗战的演讲宣传工作，在历史上留下浓墨重彩的一笔。

怎样才能够发动民众

十一月在武大讲演

动员全国的财力人力需要民众，军队前进作战固需要民众之援助，即军队后退亦需要民众之援助，救济伤兵，肃清汉奸，巩固后方，无一不需要民众的力量。如果我们还不曾忘记阿比西利亚皇帝曾因单靠军队不发动民众而失败的教训，我们在抗日战争中，急需发动广大的真正民众——主要的是参加生产的工农民众——这是无可怀疑的事。即在敌人也懂得这个。在芦沟桥事变发生时，上海的日本报纸曾警告他们的政府说："日本军队战胜中国军队，是不成问题的；但如果全中国的民众真的起来作民族解放的革命斗争，这便不是武力可以解决的了，政府应于此点深加注意"云云。

开战以来，无论政府党或在野党，都异口同声的说要发动民众，公开说不需要民众的人，只是极少数。并且"全民抗战"这句话，成了一切刊物上的套语；实际上如果允许我说句老实话，完全没有这回事。所以空喊发动民众，喊破了喉咙，民众也不会有多大的回声，要民众起来，必须考虑到怎样才能够发动民众。

我们须知：民众是有高度意识和意志的人类，不像牛马可以随着鞭子的声影，叫他们行就行，叫他们止就止的；更不是无意识的木石或粉团，人们要把他们做成什么东西就成为什么东西；所以无论政府的命令或政党的空口宣传，都同样没有发动民众的万能。要发动民众，参加抗战：

第一，必须解除民众自身的痛苦。学生因为每日上课七八小时，而且无法参加抗日工作，工人每日做工十二小时或十三小时，连星期日都不得休息，无论做日工或夜工，下了工疲乏得成了半死人，更没有担任抗日工作的可能了。农民耕地不足，衣食已很艰难，又加之以高租高利

陈独秀

1937年11月21日，陈独秀在学校学生俱乐部作"怎样才能够发动民众"的演讲。

周恩来

1938年1月，《战时青年》杂志创刊号刊登的周恩来1937年12月31日在武汉大学的演讲——“现阶段青年运动的性质与任务”。

現階段青年運動的性質與任務

周恩來

> 二十六年十二月三十一日，周先生在武漢大學講演。這是陳用文君筆記的講演錄。錄後沒給周先生看過，如有和原意不符的地方，當由編者負責。

能在全國抗戰中心的武漢與諸位進步的同學們見面，確是十年以來難得的機會。在舉國一致抗戰的今天，我想，什麼事情都是和民族存亡這問題不可分離的；青年問題自然不能例外。因此，我們應該把當前的抗戰審慎地，精密地加以分析和估計。

一•今日的抗戰形勢

五個月來的抗戰，使我們得到中華民族有史以來未曾有過的寶貴的經驗與教訓，我們不論在前方或後方，都應該從這寶貴的經驗與教訓裏面去學習，更應該從而把握住抗戰的全部形勢。

先來看看，五個月來的抗戰我們是沒有一點收獲的嗎？我們的回答是「不」：

第一：不說近二十年，就是近百年來，也沒有過像這次這樣的動員全中國的兵力，進行各黨各派各個陳府一致對外的抗戰。這個抗戰是非常神聖的，這個抗戰使我們中華民族在世界上矗立起來了！不錯，今

——19——

董必武

1935年入法学院经济系的校友潘琪（潘乃斌，解放后任交通部副部长）回忆董必武在武大演讲。

青年的引路人

潘 琪

一九三七年底，中国人民的抗日战争正处在一个紧要关头。由于蒋介石反动集团实行消极抗战，国民党正面战场节节败退，失地千里，继上海失守之后，十一月十三日太原陷落，十二月十三日南京又沦陷。国民党反动集团内部充满了失败情绪，投降派的气焰甚嚣尘上，散布“战必败”、“再战必亡”的悲观论调，极力制造投降空气。

当时，我正在武汉大学搞学生救亡运动。这时的武汉大学也和全国各地一样，已经放不下一张平静的书桌。抗日战争的前途如何？中国会不会亡？中国青年何去何从？这些问题在青年学生中引起了热烈的讨论。刚恢复建立不久的中共武汉大学支部积极开展活动，组织和领导了“抗战问题研究会”，努力宣传我党中央的正确路线，把爱国青年团结在我党的周围。

南京陷落后，武汉便成了全国抗战的中心。以周恩来、董必武同志为代表的中共代表团来到武汉，八路军在这里设立了办事处，党的力量和党对抗日群众运动的领导都大为加强了。十一月，中共武汉大学支部以“抗战问题研究会”的名义请董老来武汉大学演讲。董老前后讲了两次，共讲了四个问题：一、抗战的形势，二、统一战线，三、群众运动，四、游击战争。董老在报告的最后部分还谈到抗战与民主革命的问题，还有抗战后中国社会的资本主义前途与非资本主义前途的问题。对这几个当时大家十分关心的重大问题，董老都作了十分精辟和透彻的分析。

40

1
2
3

❶1938年夏，周恩来在武汉大学的一次演讲时给武大学生的签名。

❷❸1938年7月，武汉“七七”献金爱国运动现场。

爲慶祝武漢解放告武漢同胞書

全武漢的父老兄弟姊妹們！

本月十五日夜，國民黨的匪徒們把輪船，碼頭，工廠，機車，橋樑炸燬後，裝運着從你們手裏搶走的銀元與物資，狼狽地逃竄了，他們屠殺過工人和學生，他們在武漢無法無天地蠻橫了三年，最後終於被所向無敵的人民底軍隊擊潰而逃竄了。

人民解放軍十六日下午進入漢口，十七日晨渡江進入武昌，現在，曾經有過光榮的革命歷史的城池又回到人民手中來了，全武漢的同胞們，全中國的人民們都應爲這偉大的事件歡呼！

在二十幾年來的艱苦鬥爭中，無數的人爲革命而顚沛流離，爲革命而流血犧牲，今天我們所拚命爭取的日子來到了；但在勝利的歡呼中我們不能忘記了當前革命工作的艱鉅與建設事業的繁重，更不能忘記了殘酷的四大家族匪徒們會進行陰謀，破壞人民流血流汗獲得的果實！我們必須在前方，在後方，動員起所有的人力，殲滅國民黨匪徒的殘餘武力，肅清潛伏的反革命反人民的破壞份子！

工人們，在今天一定要完成恢復交通與生產事業，「人民解放軍打到那裏，我們把鐵路修到那裡！」用十倍百倍的努力，生產各種必需用品，全力支持前方作戰！

商人們，應當照常營業，實行公平交易，不能投機取巧，不能偷運物資給國民黨匪徒們，不能囤積居奇！

武漢三鎭的同學們，今天必須攜起手來，組織起來，積極展開宣傳與其他城市恢復工作，在國民黨反動政府統治下我們不能說話，不能工作，我們遭受到迫害與屠殺，今天我們必須用十百倍的努力，參加解放工作，用工作成績紀念犧牲在國民黨匪徒手下的同學們，用工作成績表現我們爲人民服務的精神！

時代在前進，中國在前進，武漢的人民在這大時代中担負着艱鉅的任務，我們必須有計劃，有秩序地，迅速而確實地展開恢復與建設工作，配合解放全中國的偉大事業！

最後，讓我們武漢百萬市民齊聲高呼：

中國人民解放軍萬歲！

中國人民民主共和國萬歲！

國立武漢大學全體同學
五月十七日

1949年5月17日，国立武汉大学全体同学为庆祝武汉解放告武汉同胞书（复印件）。

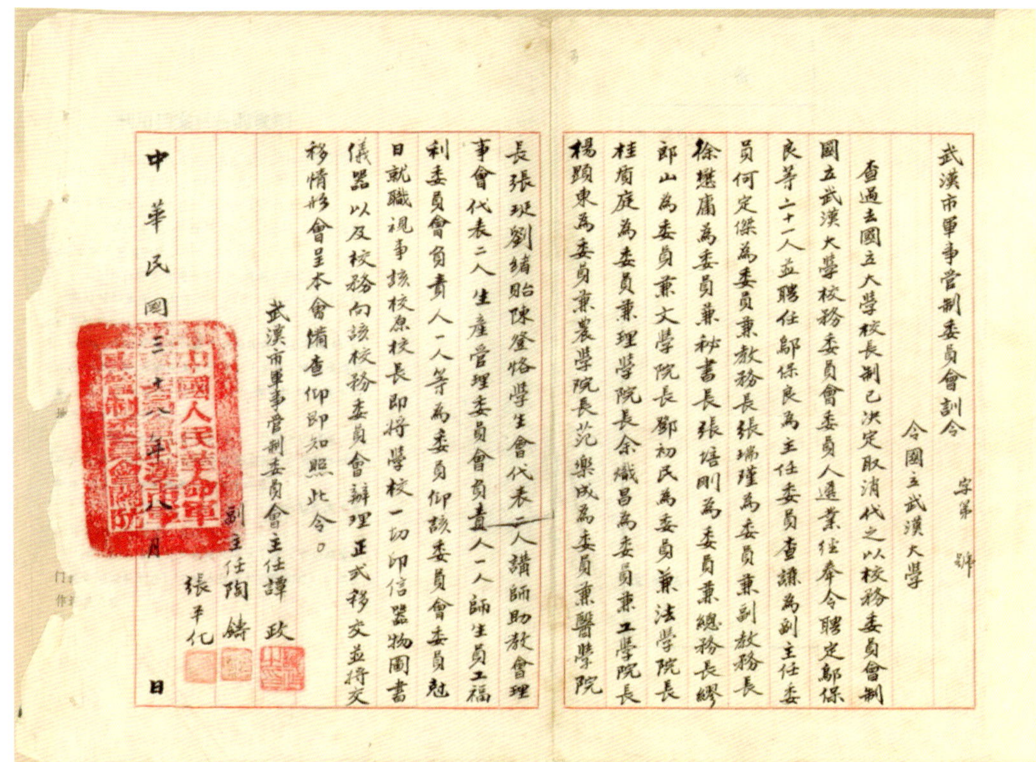

武漢市軍事管制委員會訓令

字第 號

令國立武漢大學

查過去國立大學校長制已決定取消代之以校務委員會制國立武漢大學校務委員會委員人選業經奉令聘定鄔保良等二十一人並聘任鄔保良為主任委員查謙為副主任委員何定傑為委員兼教務長張瑞瑾為委員兼副教務長徐懋庸為委員兼秘書長張培剛為委員兼總務長繆朗山為委員兼文學院長鄧初民為委員兼法學院長桂質庭為委員兼理學院長余熾昌為委員兼工學院長楊顯東為委員兼農學院長范樂成為委員兼醫學院長張珽劉緒貽陳登恪學生會代表二人講師助教會理事會代表二人生產管理委員會負責人一人師生員工福利委員會負責人一人等為委員仰該委員會委員尅日就職視事該校原校長即將學校一切印信器物圖書儀器以及校務向該校務委員會辦理正式移交並將交移情形會呈本會備查仰即知照此令。

武漢市軍事管制委員會主任 譚政

副主任 陶鑄

張平化

中華民國三十八年八月 日

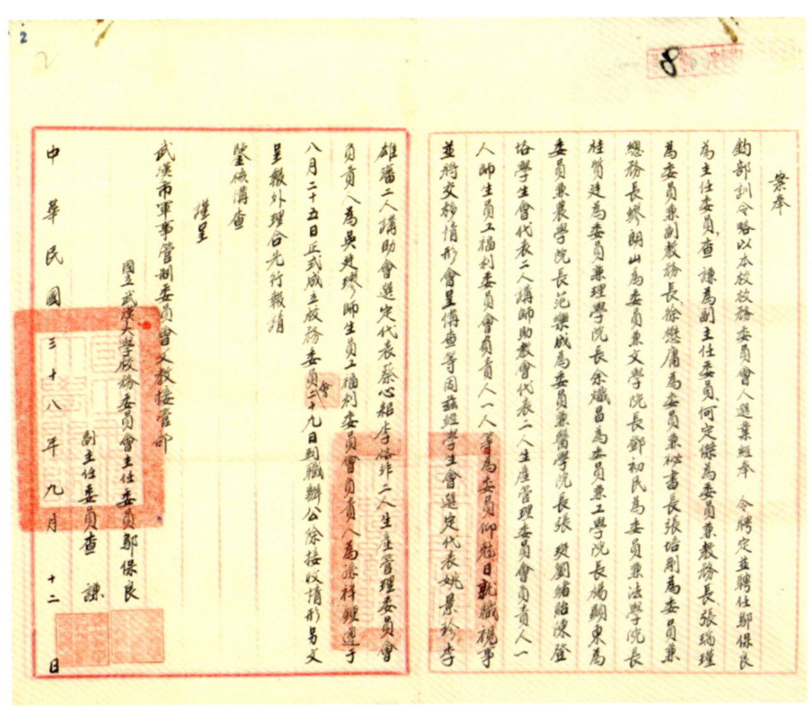

案奉
鈞部訓令略以本校校務委員會人選業經奉 令聘定並聘任鄔保良
為主任委員，查　謙為副主任委員，何定傑為委員兼教務長，張瑞瑾
為委員兼副教務長，徐懋庸為委員兼秘書長，張培剛為委員兼
總務長，繆朗山為委員兼文學院長，鄭初民為委員兼法學院長
桂質廷為委員兼理學院長，余熾昌為委員兼工學院長，楊開東為
委員兼農學院長，范樂成為委員兼醫學院長，張　瑛、劉緒貽、梁登
裕學生會代表二人，講師助教會代表二人，生產管理委員會負責人一
人，師生員工福利委員會負責人一人等為委員，仰剋日就職視事
並將交接情形會呈備查等因，茲經學生會選定代表姚景裕、李
雄藩二人，講助會選定代表蔡心耜、李浩非二人，生產管理委員會
負責人為吳建璞，師生員工福利委員會負責人為孫祥鍾，遂于
八月二十五日正式成立校務委員會，二十九日到職辦公，除接收情形另文
呈報外，理合先行報請
鑒核備查
謹呈
武漢市軍事管制委員會文教接管部
國立武漢大學校務委員會主任委員鄔保良
副主任委員查　謙
中華民國三十八年九月十二日

1|2
3

❶1949年8月，武汉市军事管制委员会令国立武汉大学成立校务委员会的训令。

❷1949年9月12日，国立武汉大学校务委员会成立后呈给武汉市军事管制委员会文教接管部的报告。

❸校舍全景（1932年）。

国立武汉大学学生游行庆祝武汉解放

英雄黉门

——珞珈建筑承载的红色故事

国立武昌高等师范学校
国立武昌师范大学校舍

武汉大学的系列建筑，不仅为人才培养、科学研究以及文化育人作出了贡献，同时也承载着一段段令人不能忘怀的红色故事。

耿丹、李汉俊等在这里从事革命活动，陈潭秋、章伯钧、钱亦石等成为这里培养出来的杰出人才。1919年6月1日，为响应五四运动，学生在这里实行总罢课，并与军阀展开斗争。

1/2

❶1918年国立武昌高等师范学校建校五周年绘制的国立武昌高等师范学校校舍全景（后山为高观山）。

❷国立武昌师范大学校舍全景（远处为长湖）。

国立武昌高等师范学校附属小学

1927年4月27日，中共“五大”在该校礼堂举行开幕式。5月10日，青年团“四大”亦在此召开。陈潭秋等一批共产党员在此开展革命活动。董必武曾经说：“武昌高师附小有一个时期，简直成了湖北革命运动的指挥机关。”

国立武昌中山大学

1926年12月28日，国立武昌中山大学筹备委员会成立，董必武、郭沫若、章伯钧、李汉俊等9人为筹备委员会委员。1927年2月，国立武昌中山大学正式开学，中共“一大”的5位代表陈潭秋、李汉俊、董必武、周佛海、李达都在这里任职或任教。

1/2

❶1915年9月，国立武昌高等师范学校创办的附属小学（1926年改名为湖北省立第一小学）。

❷国立武昌中山大学校徽。

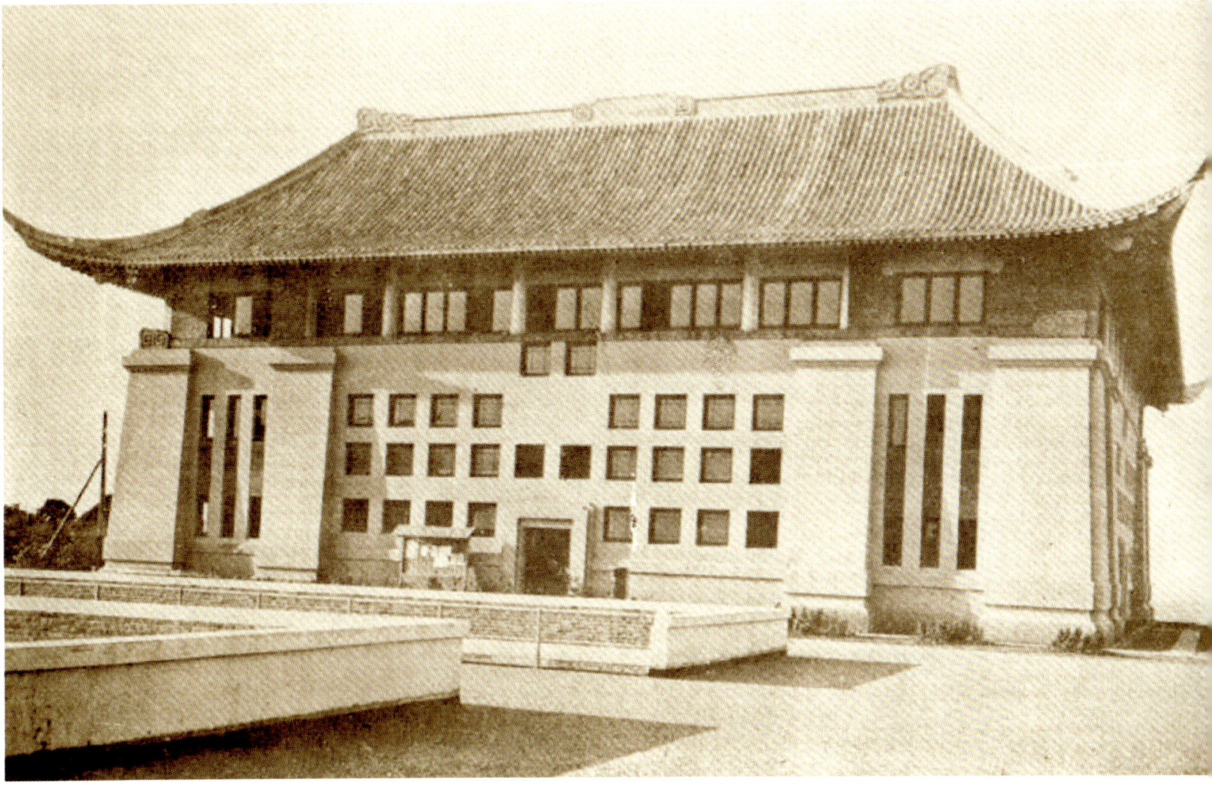

1931年落成的文学院大楼

国立武汉大学文学院

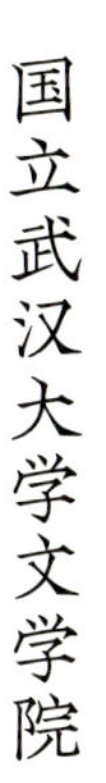

1938年3月29日至4月1日，国民党临时全国代表大会在珞珈山召开。会议通过了《抗战建国纲领》，确定了抗战救国的总方针。这里是会议的分会场之一。

国立武汉大学法学院

1938年3月29日至4月1日，国民党临时全国代表大会在珞珈山召开。会议通过了《抗战建国纲领》，确定了抗战救国的总方针。这里是会议的分会场之一。

1 2

❶1936年落成的法学院大楼。

❷1931年落成的理学院大楼。

国立武汉大学理学院

1938年3月29日至4月1日，国民党临时全国代表大会在珞珈山召开。会议通过了《抗战建国纲领》，确定了抗战救国的总方针。这里是会议的主要会场之一。

国立武汉大学工学院

1938年3月29日至4月1日，国民党临时全国代表大会在珞珈山召开。会议通过了《抗战建国纲领》，确定了抗战救国的总方针。这里是会议的分会场之一。周恩来曾在工学院大门口进行抗战演讲，宣传党的抗日政策。

学生食堂及礼堂

学校西迁乐山前，周恩来、陈独秀、董必武、博古、王明、郭沫若等共产党人曾先后来此发表抗日演讲或从事宣传活动。

1|2
3

❶1931年落成的学生食堂（一楼）。

❷学生食堂的上层为礼堂。

❸1936年落成的工学院大楼。

图书馆大楼

1938年3月29日至4月1日，国民党临时全国代表大会在珞珈山召开。会议通过了《抗战建国纲领》，确定了抗战救国的总方针。这里是会议的主会场。同时，这里也是李锐、刘西尧等进步学生在学校开展革命活动的主要阵地之一。

1/2

❶1935年落成的图书馆大楼（现为档案馆校史馆）。

❷图书馆阅览大厅。

1931年竣工的男生宿舍。

学生寄宿舍

1947年6月1日3时，武汉警备司令部为阻止师生的革命行动，搜捕进步师生。在学生宿舍，对手无寸铁的学生进行了血腥屠杀。历史系学生黄鸣岗、土木系学生王志德、政治系学生陈如丰中弹，当场死亡，造成了震惊中外的武汉大学六一惨案。

第一教职员住宅区

第一教职员住宅区是学校一批著名教授的住所，曾经也是革命活动的重要阵地之一。1938年上半年，周恩来、郭沫若、黄琪翔等都住在第一教职员住宅区，他们开展了大量的抗日宣传、统战、征募和慰劳等工作。

1|2
3

❶周恩来总理及夫人邓颖超住过的别墅第19栋。

❷革命家郭沫若、民主人士黄琪翔住过的别墅第12栋。

❸坐落于珞珈山东南麓的国立武汉大学第一教职员住宅区（珞珈山“十八栋”别墅，1931年竣工）。

学校大操场

抗战全面爆发后，为集中训练全国各地的军队将官，国民政府军事委员会在珞珈山举办了训练班。集中训练及检阅主要在学校大操场。珞珈山军官训练团分为高级将官班和低级校官班。蒋介石为团长，陈诚、万耀煌为副团长。

20世纪30年代珞珈山校园大操场（1958年以后又称“九一二”广场）

宋卿体育馆

1938年3月29日至4月1日，国民党临时全国代表大会在图书馆举行，这里是会议的分会场之一。1947年6月1日3时，武汉警备司令部到学校大肆搜捕进步师生，造成了震惊中外的武汉大学六一惨案。这里是师生申冤、反击国民党反动派的主阵地。

❶1947年6月22日，武大师生在宋卿体育馆为在六一惨案中遇难的黄鸣岗、王志德、陈如丰三位同学举行追悼会。

❷1937年落成的宋卿体育馆，由中华民国大总统黎元洪（字宋卿）之子黎绍基、黎绍业根据黎元洪的遗嘱捐资修建。

西迁乐山后的学校校门

1938年学校西迁乐山，在此一边进行教学科研、传承民族文化，一边进行抗日及反对国民党反动派的斗争。

1|2 ❶国立武汉大学西迁乐山的校门（乐山文庙的侧门）。

❷乐山时期的国立武汉大学牌坊（文庙棂星门）。

西迁乐山后的学校图书馆和校长室

1940年春，国民党掀起第一次反共高潮，教育部决定把他们认为不满意的校长王星拱调走。学校师生在地下党组织的领导下，在这里发起“挽留王星拱”的运动。叶圣陶、朱光潜等教授纷纷出面与学生一道发表宣言，抵制程天放来校履职，运动最终获得成功。

1
2

❶乐山时期的国立武汉大学校长室（文庙崇圣祠，左）、会计室（右）与大礼堂（上）。

❷乐山时期的国立武汉大学图书馆（文庙大成殿）。

西迁乐山后的文学院和法学院

这里曾经是教授们传播民主思想的地方。杨东莼教授在这里讲授“中国政治思想史”课程。蒋思道教授曾在这里讲课，他直言不讳地说：“我国根本无宪法可言。”缪朗山教授为了帮助进步学生学习，在这里利用业余时间为学生补习俄语。

1|2 ❶文学院（乐山文庙尊经阁）。

❷法学院（乐山文庙崇文阁）。

$\frac{1}{2}$ ❶理学院（李公祠）。

❷工学院（三育学校）。

西迁乐山后的理学院和工学院

工学院是学校的党组织及党员活动活跃的地方。理学院、工学院的党员居多，如电机系的助教冯有申、机械系的学生陈尚文等。通过组织参加同乡会、系会、级会、班会、学术性的研究会以及服务性的社团作掩护，扩大党的影响。

西迁乐山后的理工学院教室和男生宿舍

这里是学生开展进步活动的地方。学生以举办壁报、组织歌咏宣传队、开展募捐、举办讨论会等多种形式宣传抗战，还恢复了“抗战问题研究会”，成立了“岷江读书社”“马克思主义小组”“海燕社”“文谈社”“政谈社”“风雨谈社”等若干社团。

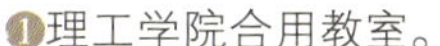

❶理工学院合用教室。

❷乐山时期国立武汉大学部分男生宿舍。

乐山时期国立武汉大学唯一的女生宿舍，有“白宫”之誉

西迁乐山后的女生宿舍

这里不仅是学生社团组织十分活跃的地方，更是党组织活动的重要基地。武大特支下设理工、文法和女生三个党支部。陈庆纹（现名李伯悌）、杨维哲（现名杨敏哲）先后任女生支部书记。女生支部后来发展王梦兰、陆兰秀、肖吟娥、涂主珍、方秀如、隽雅珍等一批人入党。

六一纪念亭

为了纪念六一惨案中遇难的黄鸣岗、王志德、陈如丰三位同学，特在宋卿体育馆的西南面修建六一纪念亭，以示纪念。

1948年4月在珞珈山校园落成的六一纪念亭

后　记

在130余年的发展过程中，武汉大学形成了优良的革命传统，积淀了丰赡的红色文化资源。站在新的历史起点，学校出版《红色珞珈》一书，旨在通过发掘、整理学校特有的红色文化资源，彰显红色意蕴，传承红色基因，为学校思想政治工作提供生动而鲜活的教育素材。

《红色珞珈》的成书和出版，得到了学校领导的大力支持。武汉大学党委副书记楚龙强同志亲自审定提纲并指导内容编写。党委宣传部张岱、谌启航、李琳、苏明华等同志，对本书的体例、文字及内容进行了细致修改。原档案馆徐正榜、原离退休工作处徐应荣，提出了许多宝贵意见。档案馆席彩云、王美英、徐莉、刘春弟、钟巍、左黎明、刘秋华、李娜、刘琳、秦然、吴骁等，在史料查找过程中提供了诸多帮助。武汉大学出版社郭新立、罗春明、王雅红、詹蜜、李琼等做出的大量工作，让本书得以及时面世。在此，一并致以深深的感谢。

从历史的角度对学校红色发展历程进行勾勒还是第一次，难免有一些不当之处、未尽之处。如体例的安排是否尽善尽美，对人物及事件的表述是否恰如其分，对部分内容的取舍是否得当等。望各位读者不吝批评指正，我们会在以后的工作中进行弥补。